पश्चिमी आधुनिक और समकालीन मूर्तिकला

डॉ. गनेश कुशवाह

(सहायक प्रोफेसर, मूर्तिकला विभाग, ललित कला संसथान, डॉ. भीमराव आंबेडकर विश्वविध्यालय, आगरा)

Made with ❤ on the Notion Press Platform

विषय सूची

विषय सूची

भूमिका

इस पुस्तक का सृजन मूर्तिकला क्षेत्र के छात्रों और कला प्रेमियों को विशेष रूप से हिंदी भाषा में, पश्चिमी आधुनिक और समकालीन मूर्तिकला की समुचित जानकारी देने के उद्देश्य से किया गया है। मैंने इस पुस्तक में दृश्य कला के क्षेत्र में एक मूर्तिकार के रूप में अभ्यास करने से संबंधित सभी महत्वपूर्ण जानकारियों को सरल और प्रभावी भाषा में संकलित करने का प्रयास किया है।

इसमें मूर्तिकला की पारंपरिक विधाओं से लेकर 3डी प्रिंटिंग जैसी आधुनिक तकनीकों तक की विकास यात्रा को प्रस्तुत किया गया है।पुस्तक में 19वीं और 20वीं शताब्दी के मूर्तिकला आंदोलन, जैसे इंप्रेशनिज्म, क्यूबिज़्म, दादा, सर्रियलिज्म और अब्स्ट्रैक्ट एक्सप्रेशनिज्म से लेकर समकालीन कला रूपों, जैसे इंस्टॉलेशन आर्ट, साइट-विशिष्ट कला, परफॉर्मेंस आर्ट और नई मीडिया कला जैसे उभरते रुझानों पर भी विस्तार से चर्चा की गई है।

इसके अलावा, यह पुस्तक मूर्तिकला के क्षेत्र में व्यावसायिक संभावनाओं और एक पेशेवर मूर्तिकार के करियर से जुड़े व्यावहारिक पहलुओं को भी समेटे हुए है, जिससे पाठकों को इस क्षेत्र में मार्गदर्शन मिल सके। आशा है कि यह पुस्तक कला प्रेमियों और छात्रों के लिए ज्ञानवर्धक और उपयोगी सिद्ध होगी।

डॉ. गनेश कुशवाह

प्रस्तावना

मूर्तिकला का संक्षिप्त इतिहास और इसकी सांस्कृतिक महत्ता

मूर्तिकला, मानव अभिव्यक्ति का एक प्राचीन और सशक्त माध्यम है, जो सभ्यता के प्रारंभिक काल से ही अस्तित्व में रही है। प्राचीन काल में गुफाओं की दीवारों पर उकेरी गई चित्रकथाओं और पत्थरों पर तराशी गई मूर्तियाँ यह प्रमाणित करती हैं कि कला का यह स्वरूप मानव इतिहास का अभिन्न हिस्सा रहा है। भारतीय उपमहाद्वीप से लेकर यूनान, मिस्र, और मेसोपोटामिया तक, प्रत्येक सभ्यता ने अपनी सांस्कृतिक, धार्मिक, और सामाजिक मान्यताओं को मूर्तियों के रूप में व्यक्त किया।

भारत में मूर्तिकला का एक लंबा और समृद्ध इतिहास रहा है। सिंधु घाटी सभ्यता की 'नृत्य करती बालिका' और 'पुरुष योगी' जैसी मूर्तियाँ यह दर्शाती हैं कि हजारों वर्षों पूर्व भी यहाँ कला अत्यंत विकसित थी। वैदिक काल में देवताओं की मूर्तियों का निर्माण धार्मिक और आध्यात्मिक उद्देश्यों के लिए किया जाता था। बौद्ध, जैन, और हिंदू धर्मों ने मूर्तिकला को अपनी धार्मिक अभिव्यक्ति का एक महत्वपूर्ण माध्यम बनाया। अजंता और एलोरा की गुफाओं, कोणार्क के सूर्य मंदिर, और खजुराहो के मंदिरों की मूर्तियाँ भारतीय मूर्तिकला की उत्कृष्ट कृतियों का उदाहरण हैं।

मूर्तिकला केवल धार्मिक और आध्यात्मिक उद्देश्यों तक सीमित नहीं रही; यह सामाजिक, राजनीतिक, और सांस्कृतिक प्रतीकों को भी दर्शाने लगी। यथार्थवादी शैलियों से लेकर अमूर्तता तक, इस कला ने समय के साथ अपनी अभिव्यक्ति के नए रूप गढ़े। आधुनिक काल में मूर्तिकला केवल मंदिरों और राजमहलों तक सीमित न रहकर सार्वजनिक स्थानों, दीर्घाओं और संग्रहालयों में प्रदर्शित होने लगी, जिससे यह आम जनता के लिए अधिक सुलभ हो गई।

आधुनिक और समकालीन मूर्तिकला की अवधारणा

आधुनिक मूर्तिकला का उदय 19वीं और 20वीं शताब्दी में हुआ, जब पारंपरिक शैलियों और तकनीकों को चुनौती देते हुए कलाकारों ने नए प्रयोग करने शुरू किए। इस काल में यूरोप और अमेरिका में कई कला आंदोलनों का जन्म हुआ, जिसने मूर्तिकला को नए रूप और अर्थ प्रदान किए। **अगस्टे रोडिन**, जिन्हें आधुनिक मूर्तिकला का जनक माना जाता है, ने पारंपरिक शैली से हटकर मूर्तियों में भावनाओं और गतिशीलता को व्यक्त किया।

इसके बाद **क्यूबिज्म, फ्यूचरिज्म, दादावाद, सर्रियलिज्म, और अमूर्त कला** जैसे आंदोलनों ने मूर्तिकला को और अधिक प्रयोगात्मक बना दिया। मूर्तिकारों ने पारंपरिक सामग्रियों के स्थान पर धातु, कांच, प्लास्टिक, और पुनर्नवीनीकरण वस्तुओं का उपयोग करना शुरू किया। **हेनरी मूर**, **अलेक्ज़ेंडर काल्डर**, और **कॉन्सटैंटिन ब्रांकुसी** जैसे कलाकारों ने मूर्तिकला में नए रूपों और तकनीकों का समावेश किया।

समकालीन मूर्तिकला, जो 20वीं शताब्दी के उत्तरार्ध में विकसित हुई, और अधिक नवाचारों और तकनीकी प्रगति के साथ आगे बढ़ी। अब मूर्तिकला केवल एक स्थिर वस्तु न होकर एक गतिशील अनुभव बन गई। **इंस्टॉलेशन आर्ट, पब्लिक आर्ट, और डिजिटल स्कल्पचर** के माध्यम से यह कला दर्शकों के साथ संवाद स्थापित करने लगी। समकालीन मूर्तिकार, जैसे **अनीश कपूर**, **जेफ कून्स**, और **लुईस बॉरजुआ**, नई अवधारणाओं और सामग्रियों के साथ कला को नए आयाम दे रहे हैं।

आज की मूर्तिकला पारंपरिक सीमाओं को पार कर डिजिटल माध्यमों, वर्चुअल और ऑगमेंटेड रियलिटी तक पहुँच गई है। कलाकार अब 3D प्रिंटिंग, एआई (आर्टिफिशियल इंटेलिजेंस), और इंटरएक्टिव मीडिया का उपयोग कर मूर्तियों को एक नया रूप दे रहे हैं।

पारंपरिक और आधुनिक मूर्तिकला के बीच का अंतर

प्रस्तावना

पारंपरिक और आधुनिक मूर्तिकला के बीच का अंतर न केवल तकनीकों और सामग्रियों में बल्कि विचारधारा और अभिव्यक्ति के तरीकों में भी देखा जा सकता है।

विशेषता	पारंपरिक मूर्तिकला	आधुनिक और समकालीन मूर्तिकला
सामग्री	पत्थर, धातु, लकड़ी, मिट्टी	स्टील, कांच, प्लास्टिक, रेजिन, डिजिटल माध्यम
शैली	यथार्थवादी, धार्मिक, मिथकीय	अमूर्त, वैचारिक, व्यक्तिगत
अभिव्यक्ति	प्रतीकात्मक और आध्यात्मिक	प्रयोगात्मक और वैचारिक
स्थान	मंदिर, महल, सार्वजनिक स्थल	दीर्घाएँ, संग्रहालय, शहरी परिदृश्य
तकनीक	पारंपरिक शिल्पकारी, हाथ से तराशना	3D प्रिंटिंग, डिजिटल स्कल्पटिंग, ऑगमेंटेड रियलिटी
दर्शक सहभागिता	स्थिर और एकदिशात्मक-	इंटरएक्टिव और मल्टीमीडिया

पारंपरिक मूर्तिकला मुख्य रूप से धार्मिक और ऐतिहासिक संदर्भों पर आधारित थी, जबकि आधुनिक मूर्तिकला व्यक्तिगत, सामाजिक, और राजनीतिक मुद्दों को उजागर करने लगी। आधुनिक मूर्तिकारों ने कला को केवल सौंदर्य के स्तर पर देखने के बजाय इसे समाज के साथ एक संवाद का माध्यम बनाया।

समकालीन मूर्तिकला ने इस संवाद को और आगे बढ़ाया है, जहाँ कला केवल प्रदर्शनी का विषय नहीं, बल्कि पर्यावरण और समाज के साथ घुल-

मिलकर दर्शकों के अनुभव का हिस्सा बन गई है। उदाहरण के लिए, **अनीश कपूर** की कृति "क्लाउड गेट" (शिकागो) केवल देखने के लिए नहीं, बल्कि छूने और महसूस करने के लिए बनाई गई है। इसी तरह, **जेफ कून्स** की मूर्तियाँ पॉप कल्चर और उपभोक्तावादी मानसिकता पर टिप्पणी करती हैं।

मूर्तिकला की यह यात्रा पारंपरिक शिल्प से लेकर डिजिटल माध्यमों तक फैली हुई है। यह कला केवल अभिव्यक्ति का माध्यम नहीं, बल्कि समाज और संस्कृति को प्रतिबिंबित करने का एक सशक्त जरिया भी है। आधुनिक और समकालीन मूर्तिकला ने न केवल पारंपरिक सीमाओं को तोड़ा है, बल्कि नए आयामों की खोज की है, जहाँ कलाकारों को पूर्ण स्वतंत्रता मिली है।

भविष्य में, कृत्रिम बुद्धिमत्ता (AI), वर्चुअल रियलिटी (VR), और अन्य तकनीकों के साथ, मूर्तिकला का स्वरूप और अधिक विकसित होगा। यह केवल भौतिक नहीं, बल्कि डिजिटल और इंटरैक्टिव रूप में भी प्रस्तुत होगी। आधुनिक और समकालीन मूर्तिकला इस परिवर्तनशील यात्रा का एक महत्वपूर्ण हिस्सा बनी रहेगी, जहाँ कला न केवल हमारे समय का प्रतिबिंब होगी, बल्कि हमारे भविष्य को भी आकार देगी।

अध्याय 1: ऐतिहासिक पृष्ठभूमि

19वीं शताब्दी के अंत और 20वीं शताब्दी की शुरुआत में कला जगत में परिवर्तन

19वीं शताब्दी के अंत और 20वीं शताब्दी की शुरुआत कला के इतिहास में एक महत्वपूर्ण परिवर्तन का दौर था। इस समय, यूरोप और अमेरिका में कला की पारंपरिक शैलियों को चुनौती दी जाने लगी और कलाकारों ने अभिव्यक्ति के नए तरीकों की खोज शुरू की। इस परिवर्तन का प्रभाव पेंटिंग, वास्तुकला और मूर्तिकला सभी पर पड़ा।

इस युग से पहले, कला मुख्य रूप से शास्त्रीय परंपराओं और अकादमिक नियमों का पालन करती थी। मूर्तिकला में यह प्रवृत्ति स्पष्ट रूप से देखी जा सकती थी, जहाँ यथार्थवादी शैली, पौराणिक कथाएँ, धार्मिक विषय और राजनैतिक व्यक्तित्वों की आदमकद मूर्तियाँ प्रमुख थीं। लेकिन 19वीं शताब्दी के अंत में यह परंपरा धीरे-धीरे बदलने लगी। औगस्त रोधां (Auguste Rodin) जैसे मूर्तिकारों ने पारंपरिक नियमों को तोड़ते हुए मूर्तिकला में नई भावनात्मक और अभिव्यक्तिपूर्ण गुणवत्ता जोड़ी।

20वीं शताब्दी की शुरुआत में यह परिवर्तन और तेज हुआ। कई नए कला आंदोलनों का जन्म हुआ, जिनमें **क्यूबिज्म, फ्यूचरिज्म, दादावाद, और सर्रियलिज्म** शामिल थे। इन आंदोलनों ने मूर्तिकला को केवल यथार्थवादी रूपों तक सीमित रखने के बजाय इसे नए दृष्टिकोणों और सामग्रियों के साथ प्रस्तुत किया। मूर्तिकला अब केवल एक भौतिक वस्तु नहीं रही, बल्कि यह विचारों और भावनाओं की एक अमूर्त अभिव्यक्ति भी बन गई।

औद्योगिक क्रांति, आधुनिकतावाद और मूर्तिकला पर उनका प्रभाव

औद्योगिक क्रांति (18वीं से 19वीं शताब्दी) ने कला की दुनिया में एक बड़ा बदलाव लाया। इसने उत्पादन की प्रक्रिया में मशीनों का उपयोग बढ़ाया और नए प्रकार की सामग्रियाँ विकसित कीं, जिनमें **लोहे, स्टील, कांच, और कंक्रीट** का व्यापक रूप से उपयोग होने लगा। इससे मूर्तिकारों को नए माध्यमों के साथ प्रयोग करने का अवसर मिला।

औद्योगिक क्रांति के प्रभाव से मूर्तिकला में कई महत्वपूर्ण परिवर्तन आए:

1. **नई सामग्रियों का उपयोग** – पहले मूर्तिकला मुख्य रूप से पत्थर, कांस्य और लकड़ी तक सीमित थी, लेकिन औद्योगिक युग में धातु, स्टील, कंक्रीट और अन्य कृत्रिम सामग्रियों का प्रयोग शुरू हुआ। यह परिवर्तन आगे चलकर **अलेक्ज़ेंडर काल्डर** (Alexander Calder) और **पाब्लो पिकासो** (Pablo Picasso) जैसे कलाकारों की मूर्तियों में देखने को मिला।
2. **बड़े पैमाने पर निर्माण** – मशीनों और तकनीकी प्रगति ने मूर्तिकला के निर्माण की प्रक्रिया को तेज और कुशल बनाया। इससे कलाकारों को बड़ी-बड़ी मूर्तियाँ बनाने का अवसर मिला, जो सार्वजनिक स्थलों और आधुनिक शहरी वातावरण में प्रदर्शित की जाने लगीं।
3. **आधुनिकतावाद और कला में स्वतंत्रता** – औद्योगिक क्रांति के साथ-साथ **आधुनिकतावाद** (Modernism) का भी उदय हुआ, जिसने कला को परंपराओं से मुक्त करने का प्रयास किया। इस दौर में कलाकारों ने पारंपरिक शैलियों से हटकर अमूर्त, वैचारिक और प्रयोगात्मक कला की ओर रुख किया।
4. **शहरीकरण और सार्वजनिक मूर्तिकला** – औद्योगीकरण के कारण शहरों का तेजी से विकास हुआ, जिससे सार्वजनिक स्थलों पर मूर्तिकला को एक नया रूप मिला। अब मूर्तियाँ केवल धार्मिक या शाही उद्देश्यों के लिए नहीं, बल्कि सार्वजनिक कल्याण, राजनीतिक विचारधारा और सामाजिक संदेशों को व्यक्त करने के लिए भी बनाई जाने लगीं।

अकादमिक मूर्तिकला से आधुनिक मूर्तिकला की ओर बदलाव

19वीं शताब्दी के अंत तक, यूरोप में कला की शिक्षा अकादमिक मानकों के अनुसार दी जाती थी, जिसे "अकादमिक मूर्तिकला" (Academic Sculpture) कहा जाता है। इस शैली में मूर्तियाँ पूरी तरह से **यथार्थवादी, सजीव और ऐतिहासिक या पौराणिक विषयों पर आधारित होती थीं**। पेरिस की "École des Beaux-Arts" और रोम की "Accademia di

Belle Arti" जैसी प्रतिष्ठित अकादमियाँ इस प्रकार की कला शिक्षा के प्रमुख केंद्र थीं।

लेकिन जैसे-जैसे आधुनिकतावाद का प्रभाव बढ़ा, मूर्तिकारों ने अकादमिक परंपराओं से हटकर अपनी स्वतंत्र शैली विकसित करना शुरू किया। इस बदलाव के कुछ प्रमुख पहलू निम्नलिखित थे:

1. **अभिव्यक्तिवाद और व्यक्तिवाद** – आधुनिक मूर्तिकारों ने कला को केवल बाहरी सुंदरता तक सीमित न रखते हुए **आंतरिक भावनाओं और विचारों** को व्यक्त करने का माध्यम बना दिया। उदाहरण के लिए, औगस्त रोधां की प्रसिद्ध मूर्ति *The Thinker* पारंपरिक मूर्तियों से अलग थी क्योंकि इसमें विचारशीलता और मानवीय मनोविज्ञान को उकेरा गया था।
2. **अमूर्तता की ओर रुझान** – 20वीं शताब्दी की शुरुआत में कलाकारों ने मूर्तिकला में यथार्थवाद को कम करते हुए **आकार, रूप और संरचना** पर अधिक ध्यान देना शुरू किया। **कॉन्सटैंटिन ब्रांकुसी** (Constantin Brâncuși) की मूर्तियाँ इस बदलाव का एक महत्वपूर्ण उदाहरण हैं, जिन्होंने *Bird in Space* जैसी कृतियों में केवल आवश्यक रूपों को रखते हुए अनावश्यक विस्तार को हटा दिया।
3. **नई तकनीक और सामग्री** – अकादमिक मूर्तिकला में मुख्य रूप से पत्थर और कांस्य का प्रयोग होता था, लेकिन आधुनिक मूर्तिकारों ने **स्टील, कांच, कंक्रीट, और अन्य कृत्रिम सामग्रियों** का उपयोग किया। **अलेक्ज़ेंडर काल्डर** ने पहली बार "मोबाइल" (Mobile) मूर्तियों का निर्माण किया, जो हवा के साथ हिलती थीं, जिससे मूर्तिकला को गति का एक नया आयाम मिला।
4. **पारंपरिक तकनीकों से हटकर स्वतंत्रता की खोज** – अकादमिक मूर्तिकला में विषयवस्तु को एक निश्चित ढांचे में प्रस्तुत किया जाता था, लेकिन आधुनिक मूर्तिकारों ने अपनी कृतियों को अधिक व्यक्तिगत और वैचारिक बनाया। उन्होंने मूर्तिकला को दीर्घाओं और संग्रहालयों से निकालकर सार्वजनिक स्थलों और खुले स्थानों में स्थापित किया, जिससे यह कला अधिक लोकतांत्रिक और सभी के लिए सुलभ बनी।

5. **विचारधारा और राजनीतिक प्रभाव** – 20वीं शताब्दी के दौरान, विशेष रूप से दोनों विश्व युद्धों के बाद, मूर्तिकारों ने अपने कार्यों में सामाजिक और राजनीतिक संदेशों को भी शामिल करना शुरू किया। **दादावाद और सर्रियलिज्म** जैसी शैलियों ने पारंपरिक मूर्तिकला के मूल्यों को चुनौती दी और इसे अधिक व्यंग्यात्मक, प्रयोगात्मक और वैचारिक बना दिया।

19वीं शताब्दी के अंत और 20वीं शताब्दी की शुरुआत में मूर्तिकला ने एक नई दिशा ग्रहण की। औद्योगिक क्रांति और आधुनिकतावाद ने कला को पारंपरिक सीमाओं से मुक्त कर दिया और मूर्तिकारों को नए रूपों, सामग्रियों और तकनीकों के साथ प्रयोग करने की स्वतंत्रता दी।

जहाँ पहले मूर्तिकला का उद्देश्य केवल यथार्थवाद और सौंदर्य तक सीमित था, वहीं अब यह **विचार, भावना, और सामाजिक-राजनीतिक मुद्दों की अभिव्यक्ति का माध्यम** बन गई। अकादमिक मूर्तिकला से आधुनिक मूर्तिकला की यह यात्रा कला के इतिहास का एक महत्वपूर्ण मोड़ थी, जिसने मूर्तिकारों को नई ऊँचाइयों तक पहुँचाया और समकालीन कला की नींव रखी।

अध्याय 2: प्रमुख कला आंदोलन और उनकी मूर्तिकला पर छाप

कला का इतिहास विभिन्न आंदोलनों से भरा हुआ है, जो समय-समय पर बदलते समाज, राजनीति, दर्शन और तकनीक से प्रभावित हुए हैं। आधुनिक और समकालीन मूर्तिकला पर इन आंदोलनों की गहरी छाप पड़ी है। 19वीं शताब्दी के अंत और 20वीं शताब्दी की शुरुआत में कई नए कला आंदोलन उभरे, जिन्होंने पारंपरिक मूर्तिकला की परिभाषा को पूरी तरह बदल दिया। इन आंदोलनों ने न केवल कला की दृष्टि बदली, बल्कि मूर्तिकला को एक नए आयाम में ले गए, जहाँ वह केवल यथार्थवादी प्रतिमाओं तक सीमित नहीं रही, बल्कि विचारों और भावनाओं की स्वतंत्र अभिव्यक्ति बन गई।

1. प्रभाववाद और पोस्ट-इंप्रेशनिज्म का प्रभाव
2. क्यूबिज्म और मूर्तिकला
3. फ्यूचरिज्म और गति की अवधारणा
4. दादावाद और सर्रियलिज्म (अतियथार्थवाद) और मूर्तिकला पर उनका प्रभाव
5. अमूर्त अभिव्यक्तिवाद और जैविक रूप
6. मिनिमलिज्म और कॉन्सेप्चुअल आर्ट
7. समकालीन मूर्तिकला :पोस्टमॉडर्निज्म और डिजिटल कला

प्रभाववाद और पोस्ट-इंप्रेशनिज्म का मूर्तिकला पर प्रभाव

19वीं शताब्दी के अंत और 20वीं शताब्दी की शुरुआत में यूरोपीय कला जगत में गहरी उथल-पुथल मची थी। पारंपरिक अकादमिक कला की कठोर सीमाओं को चुनौती देते हुए **प्रभाववाद (Impressionism)** और उसके बाद **पोस्ट-इंप्रेशनिज्म (Post-Impressionism)** ने कला की

दुनिया में नई दृष्टि और नए प्रयोगों को जन्म दिया। हालांकि यह आंदोलन मुख्य रूप से चित्रकला से जुड़ा था, लेकिन इसका गहरा प्रभाव मूर्तिकला पर भी पड़ा। इसने पारंपरिक मूर्तिशिल्प की स्थिरता को तोड़कर उसमें गति, प्रकाश, और सतह की बनावट पर अधिक ध्यान केंद्रित करने की प्रेरणा दी।

इस लेख में हम प्रभाववाद और पोस्ट-इंप्रेशनिज्म की मूर्तिकला पर छाप, इसके प्रमुख मूर्तिकारों और उनकी कलाकृतियों का विस्तार से अध्ययन करेंगे।

1. प्रभाववाद (Impressionism) और मूर्तिकला पर इसका प्रभाव

प्रभाववाद 19वीं शताब्दी के उत्तरार्ध में उभरा एक प्रमुख कला आंदोलन था, जिसने यथार्थवादी और अकादमिक परंपराओं को चुनौती दी। यह आंदोलन प्रकाश, रंग और क्षणिक प्रभावों पर केंद्रित था। प्रभाववादी कलाकारों ने यह मानना शुरू किया कि कला को प्रकृति के स्थायी रूपों की नकल करने के बजाय, बदलते हुए क्षणों को पकड़ना चाहिए।

हालांकि मूर्तिकला में प्रभाववाद उतना व्यापक नहीं था जितना कि चित्रकला में, फिर भी इस आंदोलन ने मूर्तिशिल्प के पारंपरिक रूपों में उल्लेखनीय परिवर्तन लाने का कार्य किया।

प्रमुख विशेषताएँ जो मूर्तिकला में आईं:

1. **गतिशीलता और आंदोलन** – प्रभाववादी मूर्तिकारों ने स्थैतिक आकृतियों के बजाय गति को पकड़ने की कोशिश की।
2. **सतह पर प्रकाश और छाया का प्रभाव** – पत्थर और कांस्य की सतहों को इस तरह उकेरा गया कि उन पर प्रकाश और छाया खेल सके।
3. **रूढ़िवादी विवरणों की अनदेखी** – पारंपरिक रूप से अत्यधिक चमकदार और चिकनी सतहों को छोड़कर मूर्तिकारों ने अधिक अनगढ़ और प्राकृतिक सतहें अपनाईं।

4. **क्षणिकता को मूर्त रूप देना** – क्षणिक और संवेदनशील स्थितियों को मूर्तिशिल्प में व्यक्त करने का प्रयास किया गया।

प्रमुख मूर्तिकार और उनकी कृतियाँ

(i) औगस्त रोधां (Auguste Rodin) – प्रभाववादी मूर्तिकला के जनक

औगस्त रोधां (1840-1917) को प्रभाववादी मूर्तिकला का अग्रदूत माना जाता है। उनकी मूर्तियों में न केवल भौतिक यथार्थ दिखता है, बल्कि उनमें भावनाओं और गतिशीलता की एक झलक भी मिलती है।

उनकी प्रमुख कृतियाँ:

Figure 1 The Thinker, Bronze, Auguste Rodin

- **The Thinker (Le Penseur)** – यह मूर्ति गहन विचारशीलता और मानवीय भावना को दर्शाती है।
- **The Kiss** – प्रेम और सजीवता को दर्शाने वाली यह मूर्ति प्रभाववादी सतहों और रूपों का एक उत्कृष्ट उदाहरण है।

Figure 2 The Kiss, Marble, Auguste Rodin

- **The Burghers of Calais** – इसमें विभिन्न पात्रों की मनोवैज्ञानिक स्थितियों और उनकी भावनाओं को प्रभावी रूप से उकेरा गया है।

Figure 3 The Burghers of Calais, Bronze, Auguste Rodin

(ii) कैमिली क्लौडेल)Camille Claudel)

कैमिली क्लौडेल, जो रोडिन की शिष्या और सहयोगी थीं, ने भी प्रभाववादी मूर्तिकला में महत्वपूर्ण योगदान दिया। उनकी मूर्तियाँ मानव आकृतियों के **भावनात्मक और मनोवैज्ञानिक पहलुओं** पर केंद्रित थीं। उनकी प्रमुख कृति *The Waltz* में नृत्य करते हुए जोड़े की गतिशीलता को दर्शाया गया है।

Figure 4 The Waltz, Bronze, Camille Claudel

iii) मेदार्दो रोसो (Medardo Rosso)

मेदार्दो रोसो एक प्रसिद्ध इतालवी मूर्तिकार थे, जो 19वीं और 20वीं शताब्दी के मोड़ पर कार्यरत थे। उन्हें विशेष रूप से प्रभाववाद (Impressionism) की अवधारणाओं को मूर्तिकला में लागू करने के लिए जाना जाता है। उनकी कृतियाँ पारंपरिक मूर्तिकला से भिन्न थीं, क्योंकि वे प्रकाश, छाया और सतही प्रभावों पर अधिक ध्यान केंद्रित करते थे।

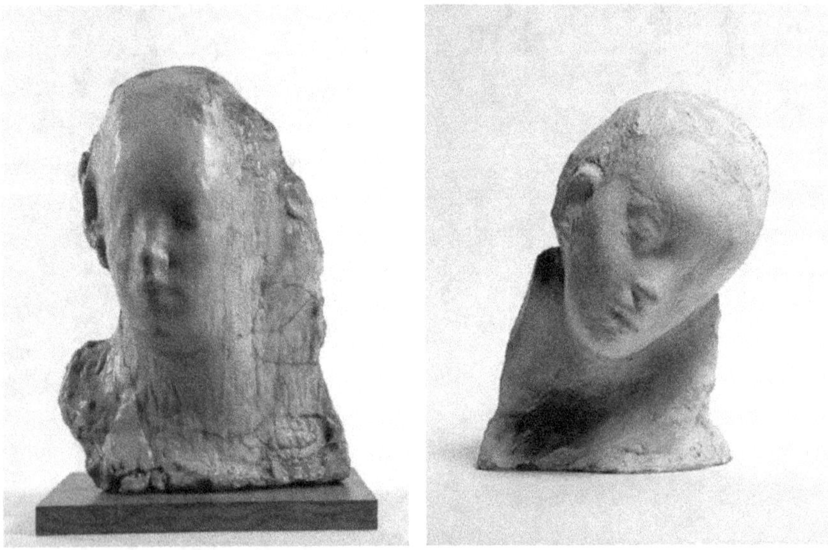

Figure 5 Eternal Springtime, Medardo Rosso

कलात्मक विशेषताएँ:

1. **प्रकाश और छाया का उपयोग:** रोसो की मूर्तियों में प्रकाश और छाया के प्रभाव को अत्यधिक महत्व दिया गया है। वे सतह की बनावट को इस तरह गढ़ते थे कि मूर्ति अलग-अलग कोणों से अलग दिखाई दे।
2. **अनिश्चित रूपरेखा:** उनकी मूर्तियों की सीमाएँ स्पष्ट नहीं होती थीं, जिससे वे अधूरी या धुंधली प्रतीत होती थीं। यह प्रभाव उन्होंने नरम और तरल रूप देने के लिए अपनाया।

3. **सामग्री और तकनीक:** उन्होंने मोम, प्लास्टर और कांस्य का उपयोग किया, जिससे उनकी कृतियों में एक अनूठी पारदर्शिता और मुलायम प्रभाव उत्पन्न होता था।
4. **विषय-वस्तु:** उनकी कृतियाँ आमतौर पर मानवीय भावनाओं, रोजमर्रा के जीवन और संवेदनशील क्षणों को दर्शाती हैं।

Figure 6 Impression of an Omnibus, Medardo Rosso

प्रमुख मूर्तियाँ:

- **"एटरनल स्प्रिंगटाइम" (Eternal Springtime)** – यह एक कोमल और रोमांटिक मूर्ति है, जो प्रेम और कोमलता को दर्शाती है।
- **"मदर एंड चाइल्ड" (Mother and Child)** – इस मूर्ति में मातृत्व और स्नेह को मूर्त रूप दिया गया है।
- **"इंप्रेशन ऑफ ओम्निबस" (Impression of an Omnibus)** – यह शहरी जीवन के प्रभावों को मूर्त रूप में प्रस्तुत करती है।

मेदार्दो रोसो की मूर्तिकला ने आधुनिक मूर्तिकारों पर गहरा प्रभाव डाला। उनकी तकनीक और शैली ने मूर्तिकला को पारंपरिक यथार्थवाद से मुक्त करके उसे अधिक व्यक्तिवादी और भावनात्मक

रूप दिया। वे आज भी मूर्तिकला की दुनिया में एक अद्वितीय कलाकार के रूप में जाने जाते हैं।

Figure 7 Mother and Child, Medardo Rosso

उनकी कला ने यह सिद्ध किया कि मूर्तिकला केवल ठोस आकृतियों तक सीमित नहीं है, बल्कि उसमें भी चित्रकला की तरह प्रकाश, धुंधलापन और भावनाओं की अभिव्यक्ति संभव है।

2. पोस्ट-इंप्रेशनिज्म (Post-Impressionism) और मूर्तिकला पर इसका प्रभाव

जहाँ प्रभाववाद प्रकाश और क्षणिकता पर केंद्रित था, वहीं **पोस्ट-इंप्रेशनिज्म** ने व्यक्तिगत अभिव्यक्ति, अमूर्तन और रूपात्मक संरचना को अधिक महत्व दिया। पोस्ट-इंप्रेशनिस्ट कलाकारों ने प्रभाववाद की

सीमाओं को तोड़कर **भावना, संरचना, और प्रतीकात्मकता** को प्राथमिकता दी।

मूर्तिकला में पोस्ट-इंप्रेशनिज्म के प्रभाव को उन कलाकारों के कार्यों में देखा जा सकता है जिन्होंने पारंपरिक शैलियों को छोड़कर नए प्रयोग किए और आधुनिक मूर्तिकला के लिए मार्ग प्रशस्त किया।

प्रमुख विशेषताएँ जो मूर्तिकला में आईं:

1. **अमूर्तन और सरलीकरण** – रूपों को अधिक सारगर्भित और प्रतीकात्मक बनाया गया।
2. **अंगों और संरचनाओं में विकृति** – मूर्तिशिल्प केवल बाहरी रूप से यथार्थवादी नहीं रहे, बल्कि उनमें भावनात्मक अभिव्यक्ति को प्राथमिकता दी गई।
3. **मनोवैज्ञानिक और आध्यात्मिक तत्वों का समावेश** – मूर्तियाँ केवल शरीर की संरचना तक सीमित नहीं थीं, बल्कि उनके पीछे एक गहरी आध्यात्मिकता और अर्थ छिपा होता था।
4. **नई सामग्री और तकनीकों का उपयोग** – परंपरागत संगमरमर और कांस्य के स्थान पर अन्य सामग्रियों का भी प्रयोग किया जाने लगा।

प्रमुख मूर्तिकार और उनकी कृतियाँ

(i) पॉल गॉगिन)Paul Gauguin) – प्रतीकात्मक मूर्तिकला की ओर झुकाव

पोस्ट-इंप्रेशनिस्ट चित्रकार **पॉल गॉगिन** (Paul Gauguin) ने भी मूर्तिकला में अपना योगदान दिया। उनके कार्यों में पोलिनेशियन संस्कृति और प्रतीकवाद का प्रभाव दिखता है।

उनकी कृतियों में **सरलीकृत रूप और गहरी भावना** का समावेश था।

Figure 8 Figure 8 Deux Tahitiennes, Paul Gauguin, bronze

(ii) अरिस्टाइड मैयोल)Aristide Maillol) – शास्त्रीय और आधुनिकता का समावेश

अरिस्टाइड मैयोल की मूर्तियाँ पोस्ट-इंप्रेशनिज्म से प्रभावित थीं, लेकिन वे अधिक **सरल, सुडौल और संतुलित** थीं।

उनकी कृतियाँ, जैसे *La Méditerranée*, में क्लासिक सौंदर्य के साथ-साथ आधुनिक सरलीकरण का प्रभाव दिखता है।

Figure 9 Torso of the Monument to Blanqui, Aristide Maillol, Bronze

(iii) हेनरी मूर)Henry Moore) – अमूर्तन की ओर बढ़ते कदम

हालांकि हेनरी मूर पूरी तरह से पोस्ट-इंप्रेशनिस्ट मूर्तिकार नहीं थे, लेकिन उनके प्रारंभिक कार्यों में पोस्ट-इंप्रेशनिज्म की गहरी छाप देखी जा सकती है। उनके बाद के कार्यों में **अमूर्तन, संरचनात्मक प्रयोग, और जैविक रूपों** का समावेश हुआ।

प्रभाववाद और पोस्ट-इंप्रेशनिज्म ने मूर्तिकला को पारंपरिक सीमाओं से बाहर निकालकर उसमें नई संभावनाएँ जोड़ीं। जहाँ प्रभाववाद ने **प्रकाश, गति, और सतह की बनावट** को महत्व दिया, वहीं पोस्ट-इंप्रेशनिज्म ने **संरचना, प्रतीकात्मकता और भावनात्मक गहराई** को मूर्तिकला का अभिन्न अंग बनाया।

Figure 10 Family, Henry Moore, Bronze

इन दोनों आंदोलनों ने आधुनिक मूर्तिकला के लिए मार्ग प्रशस्त किया और 20वीं शताब्दी में उभरने वाले **क्यूबिज़्म, फ्यूचरिज़्म, और अमूर्त कला आंदोलनों** को प्रभावित किया। यदि प्रभाववादी मूर्तिकारों ने मूर्तिकला में **जीवंतता और गति** को जोड़ा, तो पोस्ट-इंप्रेशनिस्ट मूर्तिकारों ने उसे **मनोवैज्ञानिक और आध्यात्मिक आयाम** प्रदान किया। इन आंदोलनों

की विरासत आज भी आधुनिक और समकालीन मूर्तिशिल्प में देखी जा सकती है।

क्यूबिज्म और मूर्तिकला

कला इतिहास में **क्यूबिज्म (Cubism)** को एक क्रांतिकारी आंदोलन के रूप में जाना जाता है, जिसने पारंपरिक यथार्थवाद और अकादमिक कला की धारणाओं को पूरी तरह बदल दिया। यह आंदोलन मुख्य रूप से 20वीं शताब्दी के प्रारंभिक वर्षों में उभरा और चित्रकला तथा मूर्तिकला दोनों को प्रभावित किया। क्यूबिज्म में वस्तुओं और आकृतियों को **विभिन्न ज्यामितीय रूपों, कोणों और विखंडित सतहों** में पुनर्गठित किया जाता था, जिससे एक साथ कई दृष्टिकोणों से देखने की संभावना बनती थी।

मूर्तिकला पर क्यूबिज्म का प्रभाव गहरा था। इसने पारंपरिक मूर्तिकला के **सजावटी, यथार्थवादी और भावनात्मक तत्वों** को छोड़कर इसे अधिक संरचनात्मक, ज्यामितीय और विश्लेषणात्मक बना दिया। इस निबंध में हम क्यूबिज्म की परिभाषा, इसकी उत्पत्ति, मूर्तिकला में इसके प्रभाव, प्रमुख मूर्तिकारों और उनकी कृतियों पर विस्तार से चर्चा करेंगे।

1. क्यूबिज्म की परिभाषा और मुख्य विशेषताएँ

क्यूबिज्म एक आधुनिक कला आंदोलन था, जिसने वस्तुओं को **एकाधिक कोणों और ज्यामितीय रूपों** के माध्यम से देखने का प्रयास किया। यह चित्रकला और मूर्तिकला में एक **अवधारणात्मक और अमूर्त दृष्टिकोण** लेकर आया, जो यथार्थवाद से पूरी तरह अलग था।

क्यूबिज्म की प्रमुख विशेषताएँ इस प्रकार हैं:

- **बहु-दृष्टिकोण (Multiple Perspectives)**: एक ही वस्तु को अलग-अलग कोणों से दिखाने का प्रयास।
- **ज्यामितीय विखंडन (Geometric Fragmentation)**: आकृतियों को छोटे-छोटे ज्यामितीय टुकड़ों में विभाजित करना।

- **पारंपरिक परिप्रेक्ष्य का त्याग**: एक निश्चित वैनिशिंग प्वाइंट की बजाय विभिन्न दृष्टिकोणों का संयोजन।
- **समय और गति की अवधारणा**: वस्तुओं को स्थिर रूप में न दिखाकर उनके अस्तित्व को एक गतिशील आयाम देना।
- **सजावट और विवरण का अभाव**: मूर्तियों में अनावश्यक विवरण को छोड़कर केवल मूलभूत रूपों पर ध्यान केंद्रित करना।

2. क्यूबिज्म की उत्पत्ति और मूर्तिकला पर प्रभाव

क्यूबिज्म की शुरुआत 1907-1908 के बीच हुई और इसका श्रेय दो प्रमुख कलाकारों **पाब्लो पिकासो (Pablo Picasso)** और **जॉर्जेस ब्राक (Georges Braque)** को दिया जाता है। इन्होंने इस आंदोलन को चित्रकला में सबसे पहले लागू किया, लेकिन जल्द ही इसका प्रभाव मूर्तिकला में भी दिखाई देने लगा।

क्यूबिज्म के प्रभाव से पहले, 19वीं सदी की मूर्तिकला मुख्य रूप से यथार्थवादी और क्लासिकल शैली की थी, जिसमें **माइकल एंजेलो, अगस्टे रोडिन, और जीन-बैप्टिस्ट कार्पो** जैसे कलाकारों का वर्चस्व था। क्यूबिज्म ने इस यथार्थवाद को तोड़ते हुए मूर्तिकला को एक **नवाचारवादी और संरचनात्मक** दिशा में मोड़ा।

क्यूबिज्म के कारण मूर्तिकला में निम्नलिखित परिवर्तन आए:

1. **पारंपरिक आकृतियों का विघटन** – मूर्तियों में **ज्यामितीय आकार, कठोर रेखाएँ, और सतहों का विखंडन** किया गया।
2. **नई सामग्री और तकनीक का प्रयोग** – परंपरागत संगमरमर और कांस्य की जगह **धातु, लकड़ी, कांच और मिश्रित सामग्रियों** का उपयोग बढ़ा।
3. **गति और गतिशीलता का समावेश** – मूर्तियों में स्थिरता की बजाय **बहु-आयामी प्रभाव** को अपनाया गया।

3. क्यूबिज्म और प्रमुख मूर्तिकार

कई मूर्तिकारों ने क्यूबिज्म की अवधारणाओं को अपनी कृतियों में अपनाया और इस आंदोलन को मूर्त रूप दिया। यहाँ कुछ प्रमुख मूर्तिकारों और उनकी रचनाओं पर चर्चा की गई है:

1. अलेक्ज़ेंडर आर्चिपेंको (Alexander Archipenko)

- आर्चिपेंको को क्यूबिस्ट मूर्तिकला का अग्रणी माना जाता है।
- उन्होंने **शून्यता (Void) और ठोस (Solid)** के बीच संबंधों को अपनी मूर्तियों में प्रमुखता दी।
- उनकी मूर्ति *"Walking Woman"* (1912) क्यूबिज्म का एक महत्वपूर्ण उदाहरण है, जिसमें शरीर के विभिन्न भागों को ज्यामितीय रूपों में विघटित किया गया है।

Figure 11 Walking women, Alexander Archipenko, Bronze

2. जैक्स लिपशिट्ज़ (Jacques Lipchitz)

- लिपशिट्ज़ ने मूर्तिकला में **क्यूबिस्ट संरचनाओं और**

Figure 12 Figure, Jacques Lipchitz, Plaster

- उनकी मूर्ति *"Figure" (1926)* कई ज्यामितीय रूपों को एक साथ संयोजित कर बनाई गई थी, जो विभिन्न कोणों से देखने पर अलग-अलग प्रभाव डालती है।
- उन्होंने परंपरागत यथार्थवाद को त्यागकर **एब्स्ट्रैक्ट रूपों** को अपनाया।

3. पाब्लो पिकासो (Pablo Picasso)

- पिकासो ने केवल चित्रकला में ही नहीं, बल्कि मूर्तिकला में भी क्यूबिज्म को अपनाया।
- उनकी मूर्ति *"Head of a Woman" (1909)* क्यूबिस्ट मूर्तिकला की पहली महत्वपूर्ण कृति मानी जाती है। इसमें चेहरे के विभिन्न कोणों को एक साथ प्रस्तुत किया गया है।
- पिकासो ने **कोलाज और असेंबल की तकनीक** को मूर्तिकला में लागू किया, जिससे मिश्रित सामग्री से मूर्तियाँ बनाना संभव हुआ।

Figure 13 Head of a women, Pablo Picasso, Bronze

4. उम्बेर्तो बोच्चियोनी (Umberto Boccioni)

- हालाँकि बोच्चियोनी मुख्य रूप से फ्यूचरिज़्म से जुड़े थे, लेकिन उनकी मूर्तियों में क्यूबिज्म का प्रभाव देखा जा सकता है।
- उनकी मूर्ति *"Unique Forms of Continuity in Space" (1913)* गति और विखंडित रूपों का उत्कृष्ट उदाहरण है।

4. क्यूबिस्ट मूर्तिकला की तकनीक और सामग्री

क्यूबिस्ट मूर्तिकारों ने पारंपरिक सामग्रियों और तकनीकों के बजाय नई तकनीकों और सामग्रियों का उपयोग किया:

- **कोलाज और असेंबल (Collage and Assemblage)**: विभिन्न सामग्री जैसे धातु, लकड़ी और कांच को जोड़कर मूर्तियाँ बनाना।
- **ज्यामितीय विखंडन**: मानव आकृतियों को छोटे-छोटे ज्यामितीय रूपों में विभाजित कर मूर्तियों को नया रूप देना।
- **नए पदार्थों का उपयोग**: पत्थर और कांस्य के स्थान पर स्टील, शीशा, प्लास्टिक और मिश्रित सामग्री का उपयोग।
- **शून्य और ठोस के प्रयोग**: कई मूर्तियों में ठोस रूपों के साथ-साथ खाली स्थानों (Void) को भी महत्व दिया गया, जिससे उन्हें हल्कापन और गतिशीलता मिली।

क्यूबिज्म ने मूर्तिकला की परंपरागत धारणाओं को तोड़ते हुए इसे **अधिक संरचनात्मक, विश्लेषणात्मक और वैचारिक रूप** दिया। इस आंदोलन ने न केवल मूर्तिकला को ज्यामितीय रूप दिया, बल्कि इसे विभिन्न दृष्टिकोणों से देखने की स्वतंत्रता भी दी।

क्यूबिस्ट मूर्तिकला का प्रभाव 20वीं शताब्दी के बाद के कई आधुनिक कला आंदोलनों पर पड़ा, जैसे कि **कंस्ट्रक्टिविज़्म, फ्यूचरिज़्म, और अमूर्त कला**। आज भी क्यूबिज्म की अवधारणाएँ समकालीन कला और डिज़ाइन में देखी जा सकती हैं, जो इसे एक कालातीत और प्रभावशाली आंदोलन बनाती हैं।

फ्यूचरिज्म और गति की अवधारणा

फ्यूचरिज्म (Futurism) एक क्रांतिकारी कला आंदोलन था, जिसने 20वीं शताब्दी की शुरुआत में कला, साहित्य, वास्तुकला और मूर्तिकला में आधुनिकता, तकनीक और गति को केंद्र में रखा। यह आंदोलन मुख्य रूप से **इटली** में शुरू हुआ और इसमें मशीनों, शहरी जीवन और औद्योगीकरण से प्रेरणा ली गई।

फ्यूचरिज्म की सबसे महत्वपूर्ण विशेषता **गति (Motion) और ऊर्जा (Energy)** का चित्रण था। यह केवल चित्रकला और साहित्य तक सीमित नहीं था, बल्कि मूर्तिकला में भी इसने नई तकनीकों, सामग्रियों और संरचनाओं को जन्म दिया। इस निबंध में हम फ्यूचरिज्म की परिभाषा,

इसकी विशेषताएँ, मूर्तिकला पर प्रभाव, प्रमुख मूर्तिकारों और उनकी रचनाओं पर विस्तार से चर्चा करेंगे।

1. फ्यूचरिज्म की परिभाषा और मूल विचार

फ्यूचरिज्म 1909 में **फिलीपो टोमासो मारिनेट्टी (Filippo Tommaso Marinetti)** द्वारा लिखित **"फ्यूचरिस्ट मैनिफेस्टो"** के साथ शुरू हुआ। इस आंदोलन ने परंपरागत कला, विशेष रूप से अतीत की शास्त्रीय और अकादमिक शैली को पूरी तरह से अस्वीकार किया और आधुनिक युग की गति, मशीनें, औद्योगिकरण और ऊर्जा को अपनाया।

फ्यूचरिज्म की प्रमुख विशेषताएँ

- **गति)Motion) का चित्रण** – स्थिर आकृतियों को इस तरह से प्रस्तुत करना कि वे गतिशील प्रतीत हों।
- **आधुनिक तकनीक और मशीनों का प्रभाव** – फ्यूचरिस्ट मूर्तियों में उद्योग, वाहन, बिजली और गतिशीलता को दर्शाया गया।
- **गतिशीलता और समय का मिश्रण** – मूर्तियाँ केवल एक क्षण की तस्वीर नहीं होतीं, बल्कि उनमें **समय और क्रिया** को भी दर्शाया जाता है।
- **अलगअलग दृष्टिकोणों का समावेश-** – किसी वस्तु या व्यक्ति को कई कोणों से देखने और उसे मूर्तिकला में समाहित करने की प्रवृत्ति।
- **शक्तिशाली और उग्र शैली** – फ्यूचरिस्ट कला में उग्रता, ऊर्जा और शक्ति का समावेश था।

फ्यूचरिज्म ने अकादमिक मूर्तिकला को पूरी तरह से तोड़ते हुए **आधुनिक यथार्थवाद और अमूर्तता (Abstract Art)** की ओर एक नई दिशा दी।

2. फ्यूचरिज्म और मूर्तिकला पर इसका प्रभाव

फ्यूचरिज्म का प्रभाव मूर्तिकला में **नई संरचनाओं, सामग्रियों और शैलियों** के रूप में दिखाई दिया। पहले की मूर्तियों में केवल स्थिर आकृतियाँ बनाई जाती थीं, लेकिन फ्यूचरिज्म ने उन्हें गति और गतिशीलता से भर दिया।

फ्यूचरिस्ट मूर्तिकला में प्रमुख परिवर्तन इस प्रकार थे:

1. **परंपरागत सामग्रियों से अलग प्रयोग** – पत्थर और कांस्य के बजाय **स्टील, कांच, लकड़ी और मिश्रित धातुओं** का प्रयोग।
2. **गति की अवधारणा** – मूर्तियाँ इस तरह बनाई जाती थीं कि वे स्थिर होते हुए भी गति का आभास कराएँ।
3. **मशीनों और उद्योगों से प्रेरणा** – कार, ट्रेन, हवाई जहाज और कारखानों जैसी आधुनिक वस्तुओं का प्रभाव मूर्तिकला में दिखाई देने लगा।
4. **समय और अंतरिक्ष का मिश्रण** – मूर्तियों में भौतिकता से अधिक **समय के प्रवाह और ऊर्जा** को दर्शाने की कोशिश की गई।
5. **हवा और प्रकाश के प्रभाव** – कुछ मूर्तियों में इस तरह की संरचनाएँ बनाई गईं कि उनके रूप हवा और प्रकाश के संपर्क में आकर बदलते रहें।

3. प्रमुख फ्यूचरिस्ट मूर्तिकार और उनकी कृतियाँ

फ्यूचरिज्म ने कई कलाकारों को प्रभावित किया, लेकिन मूर्तिकला में इसका सबसे बड़ा प्रभाव **उम्बेर्तो बोच्चियोनी (Umberto Boccioni)** की कृतियों में देखा गया।

1. उम्बेर्तो बोच्चियोनी (Umberto Boccioni)

- बोच्चियोनी फ्यूचरिस्ट मूर्तिकला के सबसे प्रभावशाली कलाकार थे।
- उन्होंने पारंपरिक स्थैतिक मूर्तिकला की जगह **गति और ऊर्जा को मूर्त रूप** देने का प्रयास किया।
- उनकी सबसे प्रसिद्ध मूर्ति **"Unique Forms of Continuity in Space" (1913)** है।

Unique Forms of Continuity in Space (1913)

- यह फ्यूचरिज्म की सबसे प्रतिष्ठित मूर्तियों में से एक है।
- इसमें एक मानव आकृति को इस तरह प्रस्तुत किया गया है कि वह चलती हुई प्रतीत होती है।

- आकृति के शरीर पर हवा और गति के प्रभाव को दिखाने के लिए **वक्रीय और लहरदार संरचनाएँ** बनाई गई हैं।
- यह मूर्ति दर्शाती है कि कैसे फ्यूचरिस्ट मूर्तिकला में स्थिरता को पूरी तरह से हटाकर गति को मूर्त रूप दिया गया।

Figure 14 Unique Forms of Continuity in Space 1913, Umberto Boccioni, Bronze

2. जियाकोमो बल्ला (Giacomo Balla)

- बल्ला मुख्य रूप से चित्रकार थे, लेकिन उन्होंने मूर्तिकला में भी गति की अवधारणा को प्रस्तुत किया।
- उनकी मूर्तियों में **यांत्रिक गति और प्रकाश प्रभावों** का उपयोग किया गया।
- उनकी कृति **"Dynamism of a Dog on a Leash"** (हालाँकि यह एक चित्रकला हैगति के प्रभाव को प्रदर्शित करने का उत्कृष्ट (उदाहरण है।

Figure 15 Dynamism of a Dog on a Leash, Giacomo Balla

Figure 16 Armored Train, Gino Severini

3. जियनो सेवेरिनी (Gino Severini)

- सेवेरिनी ने गति को चित्रकला और मूर्तिकला दोनों में शामिल किया।
- उनकी मूर्तियों में **फ्यूचरिज्म और क्यूबिज्म का मिश्रण** देखा जा सकता है।
- उनकी कृति **"Armored Train"** में युद्ध और गति के प्रभाव को मूर्त रूप दिया गया।

4. फ्यूचरिस्ट मूर्तिकला में प्रयुक्त तकनीकें और सामग्री

फ्यूचरिस्ट मूर्तिकारों ने पारंपरिक सामग्रियों से आगे बढ़कर नए प्रयोग किए:

- **धातु और मशीनों का उपयोग** – मूर्तियाँ अब केवल पत्थर और कांस्य से नहीं, बल्कि **स्टील, शीशा, लकड़ी, और मिश्रित धातुओं** से बनाई जाने लगीं।
- **वायु और अंतरिक्ष का समावेश** – मूर्तियों में हवा के प्रभाव और पारदर्शिता को शामिल किया गया।
- **ज्यामितीय संरचनाएँ** – तेज कोणों, गतिशील रेखाओं और वक्रों का प्रयोग किया गया।
- **कला और विज्ञान का मिश्रण** – मूर्तियों को विज्ञान, गति और भौतिकी के नियमों के अनुसार डिजाइन किया गया।

फ्यूचरिज्म ने मूर्तिकला की पारंपरिक स्थिरता को तोड़कर इसे गति और ऊर्जा से भर दिया। इसने मूर्तियों को एक **नया रूप, नई सामग्री और नई संरचनाएँ** दीं।

बोच्चियोनी और अन्य फ्यूचरिस्ट मूर्तिकारों की रचनाओं ने आगे चलकर **आधुनिक मूर्तिकला, कंस्ट्रक्टिविज्म और डिजिटल मूर्तिकला** को प्रभावित किया। आज भी फ्यूचरिस्ट मूर्तिकला की तकनीकें और अवधारणाएँ **समकालीन कला, वास्तुकला और डिजाइन** में देखी जा सकती हैं।

फ्यूचरिज्म ने यह सिद्ध कर दिया कि मूर्तिकला केवल ठोस और स्थिर आकृतियों का नाम नहीं है, बल्कि यह **गति, समय और ऊर्जा** का मूर्त रूप भी हो सकती है।

दादावाद और सर्रियलिज्म (अतियथार्थवाद) और मूर्तिकला पर उनका प्रभाव

20वीं शताब्दी की शुरुआत में, कला जगत में कई प्रयोगात्मक और विद्रोही आंदोलनों का जन्म हुआ, जिनमें **दादावाद (Dadaism) और सर्रियलिज्म (Surrealism)** प्रमुख थे। इन आंदोलनों ने पारंपरिक कला

की धारणाओं को चुनौती दी और मूर्तिकला में नए रूप, तकनीक और विचारों का संचार किया।

दादावाद ने **व्यंग्य, तर्कहीनता और अराजकता** को अपनाया, जबकि सर्रियलिज्म ने **अवचेतन, स्वप्न और कल्पना** को मूर्त रूप दिया। इन दोनों आंदोलनों ने 20वीं शताब्दी की आधुनिक मूर्तिकला को एक नया स्वरूप दिया और उसे यथार्थवादी सीमाओं से मुक्त किया। इस निबंध में हम इन दोनों आंदोलनों के विकास, उनकी विशेषताओं, मूर्तिकला पर उनके प्रभाव और प्रमुख मूर्तिकारों की कृतियों का विस्तार से अध्ययन करेंगे।

1. दादावाद (Dadaism) और मूर्तिकला

दादावाद की शुरुआत **प्रथम विश्व युद्ध (1914-1918)** के दौरान स्विट्जरलैंड के ज्यूरिख (Zürich) में हुई। यह आंदोलन युद्ध, पूंजीवाद और पारंपरिक कला के प्रति **विद्रोह** था। 1916 में **ह्यूगो बॉल (Hugo Ball)** और **ट्रिस्टान त्ज़ारा (Tristan Tzara)** ने इसे एक क्रांतिकारी कला आंदोलन के रूप में स्थापित किया।

दादावादी कलाकारों का मानना था कि कला केवल **सौंदर्य या परंपरा** तक सीमित नहीं होनी चाहिए, बल्कि यह **व्यंग्य, अराजकता और समाज की आलोचना** का माध्यम भी हो सकती है।

दादावादी मूर्तिकला की विशेषताएँ

- **तर्कहीनता और व्यंग्य** – मूर्तियाँ अक्सर बिना किसी स्पष्ट उद्देश्य के बनाई जाती थीं।
- **रेडीमेड)Readymade) कला** – पहले से बनी हुई वस्तुओं को नए संदर्भ में रखकर मूर्तिकला के रूप में प्रस्तुत किया गया।
- **मिश्रित सामग्री** – लकड़ी, धातु, काँच, कपड़ा, और दैनिक उपयोग की वस्तुओं का प्रयोग किया गया।
- **संरचनात्मक नियमों की अवहेलना** – पारंपरिक संतुलन, अनुपात और समरूपता को पूरी तरह नकार दिया गया।

प्रमुख दादावादी मूर्तिकार और उनकी कृतियाँ

1. मार्सेल दुचांप)Marcel Duchamp)

- दादावादी मूर्तिकला के सबसे महत्वपूर्ण कलाकार।
- "रेडीमेडअवधारणा को मूर्त रूप देने वाले पहले कलाकारों में से एक। "

प्रमुख कृति) "फाउंटेन" :1917)

- यह एक साधारण मूत्रालय)Urinal) था जिसे उन्होंने कलाकृति के रूप में प्रस्तुत किया।
- यह पारंपरिक मूर्तिकला को चुनौती देने वाली क्रांतिकारी कृति थी।
- इसने कला में **वस्तुओं की पुनर्परिभाषा)Recontextualization)** की अवधारणा को जन्म दिया।

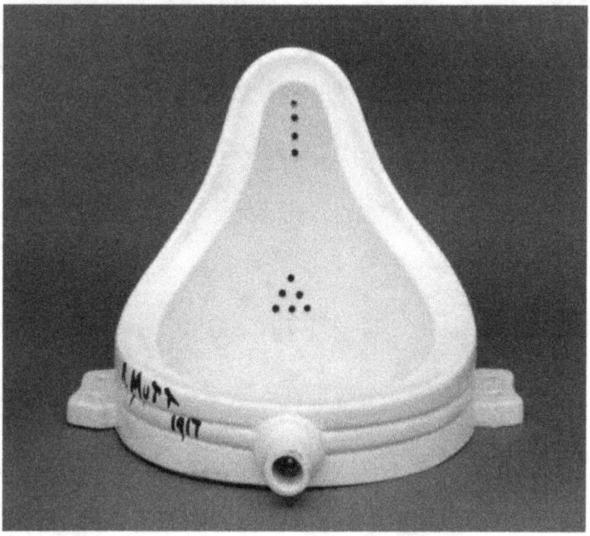

Figure 17 fountain, Urinal, Marcel Duchamp

2. हंस आर्प)Hans Arp)

- उन्होंने **जैविक अमूर्तता)Biomorphic Abstraction)** को मूर्तिकला में प्रस्तुत किया।

- उनकी मूर्तियाँ अनियमित, तरलसी आकृतिय-ों की होती थीं।

प्रमुख कृति" :Cloud Shepherd" (1953)

Figure 18 Cloud Shepherd, Hans Arp

- यह मूर्तिकला प्राकृतिक आकृतियों और अमूर्तता का मिश्रण थी।
- उन्होंने मूर्तियों में प्रवाह)Flow) और लय)Rhythm) को दर्शाने की कोशिश की।

दादावाद का प्रभाव

- यह मूर्तिकला को केवल सौंदर्य के लिए बनाए जाने वाली वस्तु से आगे ले गया।
- इसमें **सामाजिक और राजनीतिक संदेश** को भी मूर्त रूप दिया गया।
- दादावाद ने आगे चलकर **सुर्रियलिज्म और कंसेप्चुअल आर्ट)Conceptual Art)** की नींव रखी।

2. सर्रियलिज्म (Surrealism) और मूर्तिकला

सर्रियलिज्म 1924 में **आंद्रे ब्रेतों (André Breton)** द्वारा प्रस्तुत "Surrealist Manifesto" से शुरू हुआ। यह आंदोलन **दादावाद से**

प्रेरित था, लेकिन इसका उद्देश्य तर्कहीनता के बजाय **अवचेतन और स्वप्न की दुनिया** को चित्रित करना था।

सर्रियलिस्ट कला में **स्वप्न, रहस्यवाद और मानसिक प्रक्रियाओं** का मूर्त रूप दिया गया। चित्रकला की तरह, सर्रियलिस्ट मूर्तिकला भी **तर्कसंगत वास्तविकता** से परे थी और अजीबोगरीब, प्रतीकात्मक और असामान्य रूपों को अपनाती थी।

सर्रियलिस्ट मूर्तिकला की विशेषताएँ

- **अवचेतन और स्वप्नों की दुनिया** – मूर्तियों में वास्तविकता से परे काल्पनिक आकृतियाँ होती थीं।
- **असामान्य और अतार्किक रूप** – मूर्तियों का रूप अक्सर विकृत, रहस्यमय और प्रतीकात्मक होता था।
- **मिश्रित सामग्री का उपयोग** – कांस्य, लकड़ी, कपड़ा, प्लास्टर आदि को नए संदर्भ में प्रस्तुत किया गया।
- **बनावट और स्पर्शनीयता** – सर्रियलिस्ट मूर्तियाँ अक्सर रोचक बनावट और अपरंपरागत संरचनाओं की होती थीं।

प्रमुख सर्रियलिस्ट मूर्तिकार और उनकी कृतियाँ

1. साल्वाडोर डाली)Salvador Dalí)

- वे मुख्य रूप से चित्रकार थे, लेकिन मूर्तिकला में भी महत्वपूर्ण योगदान दिया।
- उनकी मूर्तियाँ उनके प्रसिद्ध चित्रों की तरह स्वप्निल और अतियथार्थवादी थीं।

प्रमुख कृति" :Venus de Milo with Drawers" (1936)

- यह प्राचीन ग्रीक मूर्ति धित संस्करण थाका एक संशो "वीनस डी मिलो", जिसमें शरीर पर **छोटेछोटे दराज-** जोड़े गए थे।
- यह मूर्ति मनुष्य के अवचेतन और यादों को दर्शाती थी।

Figure 19 Venus de Milo with Drawers, Salvador Dalí, Painted plaster with metal pulls and mink pom-poms

2. जीन अर्प)Jean Arp)

- उन्होंने अमूर्त जैविक रूपों को मूर्तिकला में अपनाया।
- उनकी कृतियाँ सहज, प्रवाहमयी और रहस्यमयी होती थीं।

प्रमुख कृति" :Sculpture to Be Lost in the Forest"

- यह मूर्ति जैविक आकृतियों और अमूर्तता का मेल थी।
- इसमें प्रकृति और अवचेतन का मिश्रण दिखाया गया था।

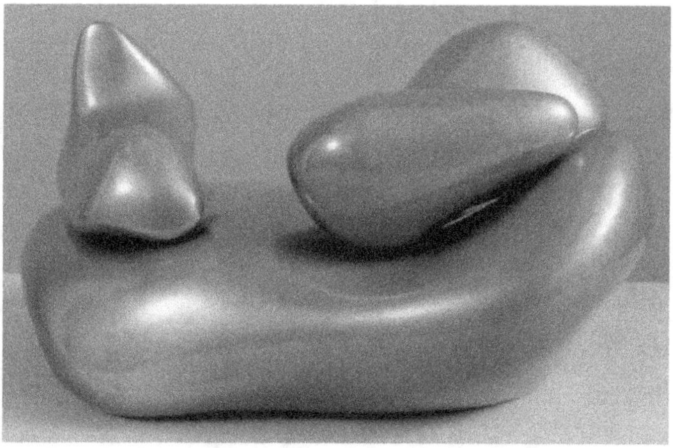

Figure 20 Sculpture to Be Lost in the Forest, Jean Arp, Bronze

3. अल्बर्टो जियाकोमेत्ती)Alberto Giacometti)

- उनकी मूर्तियाँ लंबी, पतली और छायाचित्र जैसी लगती थीं।
- उन्होंने मानव अस्तित्व, अकेलापन और अवचेतन को मूर्त रूप दिया।

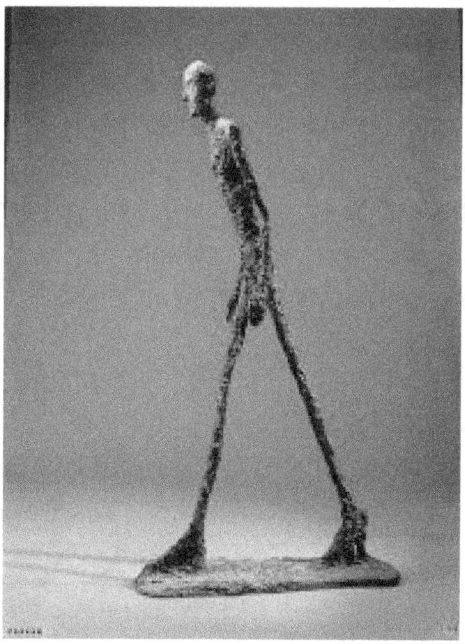

Figure 21 Walking Man, Alberto Giacometti, Bronze

प्रमुख कृति" :Walking Man" (1960)

- यह एक **पतली, लम्बी मानव आकृति** थी जो गति में प्रतीत होती थी।
- यह मूर्ति **अस्तित्ववाद)Existentialism)** से प्रभावित थी।

दादावाद और सर्रियलिज्म ने मूर्तिकला में **नई अवधारणाओं, सामग्रियों और विचारों** को जन्म दिया।

- दादावाद ने मूर्तिकला को एक **तर्कहीन और व्यंग्यात्मक माध्यम** बनाया।
- सर्रियलिज्म ने **स्वप्न और अवचेतन की दुनिया** को मूर्त रूप दिया।

इन आंदोलनों ने आगे चलकर **आधुनिक मूर्तिकला, कंसेप्चुअल आर्ट और पब्लिक इंस्टॉलेशन आर्ट** को प्रभावित किया। इनका प्रभाव आज भी समकालीन मूर्तिकला में देखा जा सकता है।

अमूर्त अभिव्यक्तिवाद और जैविक रूप

20वीं शताब्दी के मध्य में कला जगत में एक नया आंदोलन उभरा जिसे **अमूर्त अभिव्यक्तिवाद (Abstract Expressionism)** कहा गया। इस आंदोलन ने चित्रकला के साथ-साथ मूर्तिकला को भी गहराई से प्रभावित किया। अमूर्त अभिव्यक्तिवाद में व्यक्तिगत भावनाओं, मानसिक अवस्थाओं और आंतरिक ऊर्जा को मूर्त रूप देने की प्रवृत्ति थी। यह आंदोलन मुख्यतः **संयुक्त राज्य अमेरिका में 1940 और 1950 के दशक** में विकसित हुआ और यूरोपीय आधुनिकतावाद से प्रेरित था।

इसके अलावा, इस आंदोलन में **जैविक रूप (Biomorphic Forms)** की महत्वपूर्ण भूमिका रही। जैविक रूप वे अमूर्त आकृतियाँ हैं जो प्रकृति से प्रेरित होती हैं—जैसे कोशिकाएँ, पौधे, जल की तरंगें, या जीवों के प्राकृतिक आकार। यह प्रवृत्ति मूर्तिकला में एक नई अभिव्यक्ति लेकर आई, जिसमें कलाकारों ने कठोर ज्यामिति को छोड़कर **प्राकृतिक, बहते हुए और सहज रूपों** का उपयोग किया।

1. अमूर्त अभिव्यक्तिवाद की विशेषताएँ

अमूर्त अभिव्यक्तिवादी मूर्तिकला को समझने के लिए इसकी प्रमुख विशेषताओं पर ध्यान देना आवश्यक है—

- **व्यक्तिगत भावनात्मक अभिव्यक्ति** – कलाकार अपनी आंतरिक भावनाओं को रूप और सामग्री के माध्यम से व्यक्त करते थे।
- **ज्यामितीय संरचनाओं से मुक्ति** – इस आंदोलन की मूर्तियाँ ठोस ज्यामितीय आकृतियों के बजाय मुक्त रूपों में बनाई गईं।
- **सतह और बनावट पर ध्यान** – बनावट)Texture) और सतह)Surface) के माध्यम से मूर्तियों में नई गहराई जोड़ी गई।
- **स्पॉन्टेनिटी)Spontaneity) और प्रवाह** – इस कला में आकृतियाँ पूर्व निर्धारित नहीं होती थीं; वे स्वतःस्फूर्त रूप (स्पॉन्टेनियस)से विकसित होती थीं।
- **प्राकृतिक और जैविक प्रेरणा** – मूर्तियाँ अक्सर प्राकृतिक आकृतियों, कोशिकीय संरचनाओं, और तरल प्रवाह जैसी दिखती थीं।
- **अमूर्तता)Abstraction)** – यह आंदोलन यथार्थवाद)Realism) से दूर था और कला को बिना किसी ठोस पहचान के प्रस्तुत करता था।

2. जैविक रूप (Biomorphic Forms) की अवधारणा

जैविक रूप (Biomorphic Forms) वे आकृतियाँ हैं जो जीवित प्राणियों, वनस्पतियों, कोशिकीय संरचनाओं, जल धाराओं, बादलों और अन्य प्राकृतिक तत्वों से प्रेरित होती हैं। इन्हें **'अमूर्त जैविकता' (Organic Abstraction)** भी कहा जाता है।

इस अवधारणा में दो मुख्य पहलू होते हैं—

1. **स्वाभाविक प्रवाह)Natural Flow)** – यह अवधारणा कठोर, ठोस और यांत्रिक आकारों से अलग होती है और अधिक तरल, लचीले और प्रवाहित रूपों को अपनाती है।
2. **प्रकृति से प्रेरणा)Inspiration from Nature)** – कलाकार अपने कार्यों में पेड़पौधों-, समुद्र की लहरों, शरीर की आंतरिक संरचनाओं, और अन्य प्राकृतिक रूपों का उपयोग करते हैं।

अमूर्त अभिव्यक्तिवाद और जैविक रूपों का संयोजन मूर्तिकला में एक नई ऊर्जा लेकर आया। कलाकारों ने पारंपरिक सामग्रियों के साथ-साथ धातु, पत्थर, प्लास्टर और मिश्रित मीडिया का उपयोग करके अपने विचारों को व्यक्त किया।

3. प्रमुख अमूर्त अभिव्यक्तिवादी मूर्तिकार और उनकी कृतियाँ

1. हेनरी मूर (Henry Moore)

- हेनरी मूर को जैविक अमूर्त मूर्तिकला)Biomorphic Abstraction) का अग्रणी माना जाता है।
- उनकी मूर्तियाँ **मानव आकृतियों और प्रकृति के बीच संबंध** को दर्शाती थीं।
- उन्होंने विशेष रूप से **महिला आकृतियों और मांशिशु-** के विषयों पर कार्य किया।
- उनकी कृतियाँ **खाली जगह)Void) और ठोस रूप)Mass)** के बीच संतुलन बनाती थीं।

प्रमुख कृति" :Reclining Figure" (1938)

Figure 22 Reclining Figure, Henry Moore

- यह एक लेटी हुई महिला की अमूर्त आकृति है।
- इसमें नरम, तरल और जैविक रूपों का उपयोग किया गया है।
- मूर्तिकला प्रकृति से प्रेरित दिखती है, जैसे कोई चट्टान या प्राकृतिक संरचना।

2. बारबरा हेपवर्थ (Barbara Hepworth)

- बारबरा हेपवर्थ को भी जैविक अमूर्त मूर्तिकला में अग्रणी माना जाता है।
- उनकी मूर्तियों में **सरलता, लयबद्धता और प्रवाह** होता था।
- उन्होंने विशेष रूप से **छेददार(Pierced) मूर्तियाँ** बनाईं, जो नकारात्मक और सकारात्मक स्थान के बीच संतुलन बनाती थीं।

प्रमुख कृति" :Pelagos" (1946)

- यह लकड़ी से बनी एक गोलाकार मूर्ति थी, जिसमें छेद और घुमावदार रेखाएँ थीं।
- इसमें समुद्र की लहरों जैसी जैविक गति थी।
- यह मूर्ति अमूर्तता और प्रकृति के बीच संतुलन को दर्शाती थी।

Figure 23 Pelagos, Barbara Hepworth, Elm and strings on oak

3. इसामु नोगुची (Isamu Noguchi)

- नोगुची ने अमूर्त अभिव्यक्तिवाद और जैविक रूपों को मिलाकर अनूठी मूर्तियाँ बनाईं।
- उनकी कला में **प्रकृति, आध्यात्मिकता और अमूर्तता** का मिश्रण था।
- उन्होंने पब्लिक आर्ट, बगीचों और स्थापत्य डिजाइनों में भी योगदान दिया।

प्रमुख कृति" :Kouros" (1945)

- यह एक लंबी, अमूर्त मूर्ति थी, जो पारंपरिक यूनानी मूर्तिकला "Kouros" से प्रेरित थी।
- इसमें स्वतंत्र खंड थे, जो संतुलन और भारहीनता का आभास देते थे।

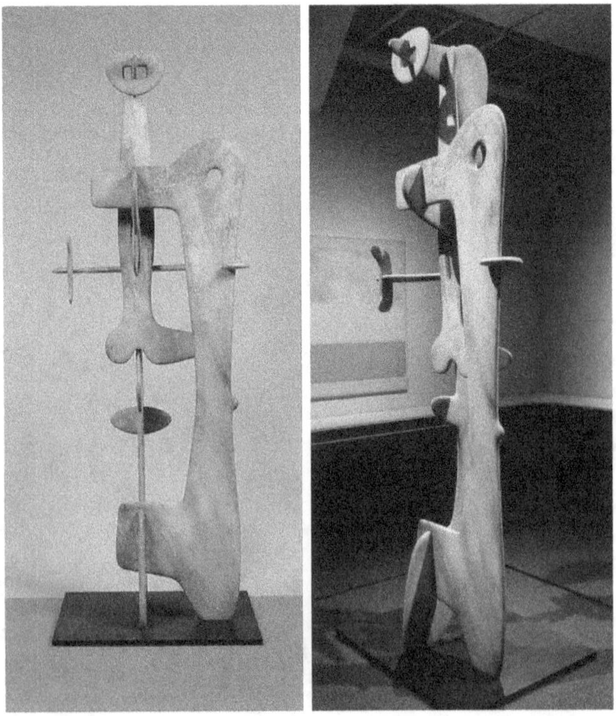

Figure 24 Kouros, Isamu Noguchi, Marble

4. अमूर्त अभिव्यक्तिवाद और जैविक रूपों का प्रभाव

अमूर्त अभिव्यक्तिवादी मूर्तिकला ने आगे चलकर कई नए कलात्मक रुझानों को जन्म दिया।

1. **Minimalism (न्यूनतावाद(** – इस आंदोलन के बाद, कलाकारों ने और भी सरल, न्यूनतम आकृतियों की ओर रुख किया।
2. **Land Art (पर्यावरण कला(** – जैविक रूपों से प्रेरित मूर्तिकारों ने प्राकृतिक परिदृश्य और बाहरी वातावरण को अपनी कला में शामिल किया।
3. **Contemporary Sculpture (समकालीन मूर्तिकला(** – आधुनिक कलाकार अब भी जैविक रूपों का उपयोग करके नई सामग्रियों और तकनीकों के साथ प्रयोग कर रहे हैं।

अमूर्त अभिव्यक्तिवाद और जैविक रूपों ने मूर्तिकला को एक नया आयाम दिया।

- इस आंदोलन ने **कलाकारों को स्वतंत्र रूप से अपनी भावनाओं और आंतरिक संसार को व्यक्त करने का अवसर दिया**।
- जैविक रूपों ने **कला और प्रकृति के बीच गहरे संबंध को उजागर किया**।
- इस आंदोलन का प्रभाव आज भी समकालीन मूर्तिकला में देखा जा सकता है, जहाँ कलाकार प्राकृतिक आकृतियों, प्रवाहमयी रूपों और अमूर्तता का उपयोग कर रहे हैं।

अमूर्त अभिव्यक्तिवाद और जैविक मूर्तिकला ने पारंपरिक यथार्थवादी मूर्तिकला से अलग एक नई भाषा विकसित की, जो **भावना, प्रवाह और प्रकृति की ऊर्जा को मूर्त रूप देती है**।

मिनिमलिज्म और कॉन्सेप्चुअल आर्ट: आधुनिक मूर्तिकला पर प्रभाव

20वीं शताब्दी के उत्तरार्ध में **मिनिमलिज्म (Minimalism)** और **कॉन्सेप्चुअल आर्ट (Conceptual Art)** दो प्रमुख कला आंदोलनों के रूप में उभरे। ये आंदोलन पारंपरिक मूर्तिकला की **रूप, तकनीक और**

अर्थ की धारणाओं को चुनौती देने वाले थे। जहां **मिनिमलिज्म** कला की मूलभूत संरचना को सबसे **सरल और अमूर्त रूप** में प्रस्तुत करने पर केंद्रित था, वहीं **कॉन्सेप्चुअल आर्ट** में कलाकृति की भौतिक उपस्थिति से अधिक **उसके विचार या अवधारणा** को महत्व दिया गया।

इन दोनों आंदोलनों ने मूर्तिकला में **नई सामग्री, तकनीकों और विचारों** को जन्म दिया, जिससे पारंपरिक मूर्तिशिल्प के प्रति सोचने का तरीका पूरी तरह बदल गया। इस निबंध में हम इन दोनों आंदोलनों की पृष्ठभूमि, उनकी विशेषताओं, मूर्तिकला पर प्रभाव और प्रमुख मूर्तिकारों की कृतियों का विस्तृत अध्ययन करेंगे।

1. मिनिमलिज्म और मूर्तिकला

मिनिमलिज्म 1960 के दशक में संयुक्त राज्य अमेरिका में **अमूर्त अभिव्यक्तिवाद (Abstract Expressionism)** की प्रतिक्रिया के रूप में उभरा। अमूर्त अभिव्यक्तिवाद में जहां **भावनाओं, व्यक्तिगत शैली और जटिलता** पर जोर दिया जाता था, वहीं मिनिमलिज्म ने **सरलता, सटीकता और गैर-व्यक्तिपरकता** को प्राथमिकता दी।

इस आंदोलन को **"Less is more" (कम में अधिक)"** के दर्शन से प्रेरित माना जाता है। इसके कलाकारों का मानना था कि कला को अत्यधिक **भावनात्मकता और व्यक्तिगत हस्तक्षेप** से मुक्त रखा जाना चाहिए और इसे **एक स्पष्ट, सरल और निष्पक्ष रूप** में प्रस्तुत किया जाना चाहिए।

मिनिमलिस्ट मूर्तिकला की विशेषताएँ

- **सरल और ज्यामितीय आकार** – मूर्तियाँ मुख्य रूप से घन, सिलेंडर, आयत और सममित संरचनाओं पर आधारित होती थीं।
- **न्यूनतम हस्तक्षेप** – कलाकार अपनी व्यक्तिगत शैली को कम से कम दिखाने का प्रयास करते थे।
- **औद्योगिक सामग्री का प्रयोग** – इस्पात, कांच, प्लास्टिक, लकड़ी और एल्यूमीनियम जैसी सामग्री का उपयोग किया गया।

- **दर्शक और स्थान का महत्व** – मूर्तियाँ अक्सर बड़े पैमाने पर बनाई जाती थीं ताकि वे अपने आसपास के वातावरण से जुड़ सकें।

प्रमुख मिनिमलिस्ट मूर्तिकार और उनकी कृतियाँ

1. डोनाल्ड जड)Donald Judd)

- मिनिमलिज्म के सबसे प्रभावशाली कलाकारों में से एक।
- उनकी मूर्तियाँ सरल **आयताकार बॉक्स संरचनाओं** से बनी होती थीं।

प्रमुख कृति" :Untitled" (1967)

- स्टील और पीतल से बनी **सममित बॉक्स संरचना**।
- यह मूर्ति अपने परिवेश के साथ **एक संवाद स्थापित** करती थी।

Figure 25 Untitled, Donald Judd, Cadmium red light acrylic on Douglas fir plywood and aluminum

2. डैन फ्लैविन)Dan Flavin)

- उन्होंने फ्लोरोसेंट लाइट ट्यूब का उपयोग करके मूर्तियाँ बनाईं।
- उनकी कृतियाँ **प्रकाश और रंग** के प्रभाव पर केंद्रित थीं।

प्रमुख कृति" :Monument for V. Tatlin"

- यह मूर्ति **फ्लोरोसेंट लाइट ट्यूब से बनी** थी।
- इसमें **आधुनिक औद्योगिक सामग्री** को कलात्मक रूप दिया गया।

Figure 26 Monument for V. Tatlin, Dan Flavin, Arrangement of 8 fluorescent tubes

3. टोनी स्मिथ)Tony Smith)

- उनकी मूर्तियों में बड़े आकार के **काले, ज्यामितीय ठोस रूप** होते थे।

- वे दर्शक और वास्तुकला के बीच के संबंधों की खोज करते थे।

प्रमुख कृति" :Die" (1968)

- एक **छहफुट ऊंचा स्टील का घन-**।
- यह कला और वास्तुकला के बीच की **सीमा को चुनौती** देता था।

Figure 27 Die" (1968), Tony Smith

मिनिमलिज्म का प्रभाव

- इसने मूर्तिकला को **सरल और वस्तुनिष्ठ** बनाया।
- पारंपरिक मूर्तिशिल्प की जटिलता और भावनात्मकता को **पूरी तरह त्याग दिया गया**।
- मूर्तियों और उनके परिवेश के बीच के संबंध को नया दृष्टिकोण दिया।

2. कॉन्सेप्चुअल आर्ट और मूर्तिकला

कॉन्सेप्चुअल आर्ट 1960 और 1970 के दशक में उभरा। इस आंदोलन का मूल विचार यह था कि **कला का विचार (Concept) ही सबसे**

महत्वपूर्ण तत्व होता है, न कि उसकी भौतिक उपस्थिति। इसका उद्देश्य यह साबित करना था कि **कला को पारंपरिक मूर्तिकला और चित्रकला की भौतिक सीमाओं से मुक्त किया जा सकता है**।

कॉन्सेप्चुअल आर्ट **दादावाद और मिनिमलिज्म** से प्रेरित था। यह आंदोलन **मार्सेल दुचांप (Marcel Duchamp)** के "रेडीमेड" विचार को आगे बढ़ाते हुए यह तर्क देता था कि **अगर एक विचार कला के रूप में प्रस्तुत किया जा सकता है, तो वह स्वयं कला बन जाता है**।

कॉन्सेप्चुअल मूर्तिकला की विशेषताएँ

- **कला की अवधारणा को प्राथमिकता देना** – मूर्तिकला की सामग्री से अधिक महत्वपूर्ण उसका विचार होता था।
- **भौतिकता की सीमा का अतिक्रमण** – मूर्तियाँ अक्सर केवल विचार के रूप में होती थीं, जिन्हें केवल दस्तावेज़ों, फ़ोटोग्राफ़ या पाठ के रूप में प्रस्तुत किया जाता था।
- **मीडिया और सामग्री का विविध प्रयोग** – मूर्तियाँ किसी भी सामग्री से बन सकती थीं, जैसे कि कागज, वीडियो, ध्वनि, या स्वयं कलाकार का शरीर।
- **दर्शक की भागीदारी** – कुछ कृतियाँ दर्शकों के हस्तक्षेप और सहभागिता पर निर्भर करती थीं।

प्रमुख कॉन्सेप्चुअल मूर्तिकार और उनकी कृतियाँ

1. जोसेफ कोसुथ)Joseph Kosuth)

- उन्होंने भाषा और विचारों को मूर्तिकला का रूप दिया।
- कला की पारंपरिक परिभाषाओं को चुनौती दी।

प्रमुख कृति" :One and Three Chairs" (1965)

- इसमें **एक कुर्सी, उसकी तस्वीर और शब्दकोश में उसका परिभाषात्मक अर्थ** रखा गया।

- यह **वस्तु, उसका प्रतिनिधित्व और उसका विचार** – इन तीनों के संबंध की पड़ताल करता था।

Figure 28 One and Three Chairs (1965), Joseph Kosuth

2. सोल लेविट)Sol LeWitt)

- उन्होंने विचार को ही कला का सबसे महत्वपूर्ण तत्व बताया।
- उनकी कृतियाँ **भौतिक वस्तु के बजाय एक प्रक्रिया** के रूप में देखी जाती थीं।

Figure 29 Buried Cube Containing an Object of Importance but Little Value, Sol LeWitt

प्रमुख कृति" :Buried Cube Containing an Object of Importance but Little Value"

- इसमें एक रहस्यमयी वस्तु को ज़मीन में गाड़ दिया गया और केवल उसका विवरण प्रस्तुत किया गया।
- मूर्तिकला को एक **अदृश्य, लेकिन अवधारणात्मक अनुभव** में बदल दिया।

कॉन्सेप्चुअल आर्ट का प्रभाव

- इसने मूर्तिकला को **शारीरिक रूप से अनुपस्थित** कर दिया।
- इसने दर्शकों को कला के अर्थ को पुनः परिभाषित करने की चुनौती दी।
- इसने **परफॉर्मेंस आर्ट, इंस्टॉलेशन आर्ट और डिजिटल आर्ट** को प्रेरित किया।

मिनिमलिज्म और कॉन्सेप्चुअल आर्ट ने आधुनिक मूर्तिकला की पारंपरिक धारणाओं को पूरी तरह बदल दिया।

- **मिनिमलिज्म** ने मूर्तिकला को अत्यधिक **सरल, ज्यामितीय और तटस्थ** बना दिया।
- **कॉन्सेप्चुअल आर्ट** ने मूर्तिकला की **भौतिकता को गौण बनाकर विचार को प्रमुखता दी**।

इन दोनों आंदोलनों ने आगे चलकर **डिजिटल आर्ट, इंस्टॉलेशन आर्ट और पब्लिक आर्ट** को गहराई से प्रभावित किया और समकालीन मूर्तिकला को एक नया रूप दिया।

समकालीन मूर्तिकला: पोस्टमॉडर्निज्म और डिजिटल कला

20वीं शताब्दी के उत्तरार्ध और 21वीं शताब्दी में मूर्तिकला ने अभूतपूर्व परिवर्तन देखे। पारंपरिक तकनीकों से आगे बढ़कर, यह **नई**

अवधारणाओं, तकनीकों और सामग्रियों के साथ विकसित हुई। **पोस्टमॉडर्निज्म** ने आधुनिकतावादी कला की सीमाओं को तोड़ा और कला को एक अधिक विविधतापूर्ण और विचारप्रधान दिशा दी। इसी के साथ, **डिजिटल तकनीक** के आगमन ने मूर्तिकला को **वर्चुअल रियलिटी, 3D प्रिंटिंग और एआई (Artificial Intelligence) आधारित कला** तक विस्तारित कर दिया।

इस निबंध में हम समकालीन मूर्तिकला में **पोस्टमॉडर्न प्रवृत्तियों और डिजिटल कला** की भूमिका, उनके प्रमुख कलाकारों और उनके प्रभाव का विस्तृत अध्ययन करेंगे।

1. पोस्टमॉडर्न मूर्तिकला: आधुनिकता के बाद की कला

पोस्टमॉडर्निज्म की पृष्ठभूमि

पोस्टमॉडर्निज्म (Postmodernism) 1960 के दशक में एक **वैचारिक आंदोलन** के रूप में उभरा। यह आधुनिकतावादी कला (Modernism) की सीमाओं और उसकी **यथार्थवाद, अमूर्तता और शुद्धता** की धारणा को चुनौती देता है।

पोस्टमॉडर्न मूर्तिकला ने मूर्तिकारों को एक **स्वतंत्रता** दी जिसमें वे विभिन्न शैलियों, सामग्रियों और विषयों के साथ प्रयोग कर सकते थे।

पोस्टमॉडर्न मूर्तिकला की विशेषताएँ

1. **पुनरुक्ति)Appropriation)** – अतीत की कलाओं और प्रतीकों को नए संदर्भ में प्रस्तुत करना।
2. **बहु) सामग्री-Mixed Media)** – परंपरागत सामग्रियों पत्थर, धातु के साथ नए पदार्थों, प्लास्टिक, फाइबर गिलास आदि का प्रयोग।
3. **संवादपरकता)Interactivity)** – मूर्तियाँ केवल देखने के लिए नहीं, बल्कि अनुभव करने के लिए भी बनाई जाती हैं।
4. **स्थापना कला)Installation Art)** – मूर्तिकला केवल ठोस संरचना तक सीमित नहीं रही, बल्कि एक संपूर्ण **परिस्थिति** (Environment) बन गई।

5. **लोकप्रिय संस्कृति और विडंबना)Pop Culture & Irony)** – समकालीन समाज, मीडिया, और राजनीति की आलोचना।

प्रमुख पोस्टमॉडर्न मूर्तिकार और उनकी कृतियाँ

1. जेफ कून्स)Jeff Koons)

- उनकी कला **उपभोक्तावाद)Consumerism) और लोकप्रिय संस्कृति)Pop Culture)** से प्रेरित होती है।
- वे **चमकीले रंग, धातु की सतहों और भव्य रूपों** का प्रयोग करते हैं।

प्रमुख कृति" :Balloon Dog" (1994–2000)

- यह एक **विशाल धातु की संरचना** है जो गुब्बारे के कुत्ते की तरह दिखती है।
- यह **बचपन की यादों और उपभोक्तावादी समाज** का प्रतीक है।

Figure 30 Balloon Dog" (1994–2000), Jeff Koons, mirror-polished stainless steel with transparent color coating

2. लुईस बुर्जुआ)Louise Bourgeois)

- उनकी मूर्तियाँ **नारीवाद, अवचेतन मन और पारिवारिक भावनाओं** को दर्शाती हैं।
- उन्होंने **कांस्य, संगमरमर और स्टील** का प्रयोग किया।

प्रमुख कृति" :Maman" (1999)

- यह एक **विशाल मकड़ी की मूर्ति** है, जो मातृत्व और सुरक्षा के विचार को दर्शाती है।
- यह मूर्तिकला **भावनात्मक और प्रतीकात्मक** है।

Figure 31 Louise Bourgeois, Maman, Bronze, Marble, Stainless steel

3. अनीश कपूर)Anish Kapoor)

- उनकी मूर्तियाँ **अमूर्तता, रंग और द्रव्य संरचनाओं** पर केंद्रित होती हैं।
- वे चमकदार और प्रतिबिंबित सतहों का उपयोग करते हैं।

प्रमुख कृति" :Cloud Gate" (2004)

- यह शिकागो में स्थित एक **बीन)Bean) आकार की विशालकाय स्टील की मूर्ति** है।
- यह दर्शकों को **अपना प्रतिबिंब** देखने का अनुभव देती है।

Figure 32 Cloud Gate, Anish Kapoor, Stainless steel

2. डिजिटल कला और मूर्तिकला का भविष्य

21वीं शताब्दी में **तकनीकी प्रगति** ने मूर्तिकला की सीमाओं को और आगे बढ़ाया। डिजिटल कला ने **वर्चुअल (Virtual), इंटरेक्टिव (Interactive) और डेटा-आधारित (Data-driven) संरचनाओं** को मूर्त रूप दिया।

डिजिटल मूर्तिकला की विशेषताएँ

1. **3D प्रिंटिंग)3D Printing)** – कंप्यूटर द्वारा डिज़ाइन की गई मूर्तियों को वास्तविक रूप में निर्मित करना।
2. **वर्चुअल रियलिटी)Virtual Reality) और एआई)AI) आधारित मूर्तियाँ** – डिजिटल स्पेस में कला निर्माण।

3. **एल्गोरिदमिक मूर्तिकला)Algorithmic Sculpture)** – गणितीय डेटा और कोड के आधार पर मूर्तिकला।
4. **इंटरएक्टिव इंस्टॉलेशन)Interactive Installation)** – मूर्तियाँ जो दर्शकों की गतिविधियों के अनुसार बदलती हैं।

प्रमुख डिजिटल मूर्तिकार और उनकी कृतियाँ

1. राफेल लोज़ानो) हेमर-Rafael Lozano-Hemmer)

- वे **इंटरएक्टिव तकनीकों** और **प्रकाश कला** का उपयोग करते हैं।
- उनकी मूर्तियाँ **दर्शकों के स्पर्श और गतिविधियों से प्रतिक्रिया करती हैं।**

प्रमुख कृति" :Pulse Room"

Figure 33 Pulse Room, Rafael Lozano-Hemmer, Incandescent light bulbs

- एक ऐसी डिजिटल मूर्ति जो दर्शकों की **हृदयगति** के अनुसार रोशनी बदलती है।

2. जोशुआ डेविस)Joshua Davis)

- वे **एल्गोरिदम और कंप्यूटर कोड** के आधार पर कला बनाते हैं।
- उनकी मूर्तियाँ **अप्रत्याशित पैटर्न और आकृतियों** से बनती हैं।

Figure 34 The Void (2021), Joshua Davis

Figure 35 3d printed figures

3. वायाबी नोल)Yaobi Noll)

- वे **3D प्रिंटिंग और जैविक आकृतियों** का उपयोग करते हैं।
- उनकी मूर्तियाँ प्राकृतिक आकृतियों और डिजिटल संरचनाओं का मिश्रण होती हैं।

3. समकालीन मूर्तिकला का भविष्य और प्रभाव

- **इंटरनेट और एआई)AI) की भूमिका** – कला अब केवल भौतिक नहीं रही, बल्कि **वर्चुअल स्पेस में भी विकसित हो रही है।**
- **बायोआर्ट और ग्रीन आर्ट-** – मूर्तिकला अब **इकोफ्रेंडली और - जैविक सामग्री** के साथ बनाई जा रही है।
- **NFTs और ब्लॉकचेन कला** – डिजिटल मूर्तिकला को अब **ब्लॉकचेन तकनीक** के माध्यम से सुरक्षित किया जा सकता है।

समकालीन मूर्तिकला में **पोस्टमॉडर्निज्म और डिजिटल कला** की महत्वपूर्ण भूमिका रही है।

- पोस्टमॉडर्न मूर्तिकला ने कला की सीमाओं को तोड़ा और नई सामग्रियों और विचारों को अपनाया।
- डिजिटल कला ने मूर्तिकला को **वर्चुअल स्पेस, 3D प्रिंटिंग और इंटरेक्टिव टेक्नोलॉजी** तक विस्तारित किया।

आने वाले समय में, **कृत्रिम बुद्धिमत्ता (AI), रोबोटिक्स और वर्चुअल रियलिटी** कला को और नई ऊँचाइयों तक ले जाएगी। समकालीन मूर्तिकला अब केवल देखने का माध्यम नहीं रही, बल्कि यह **अनुभव और संवाद का एक नया प्लेटफॉर्म** बन चुकी है।

अध्याय 3: प्रमुख मूर्तिकारों की जीवनी और योगदान

आधुनिक और समकालीन मूर्तिकला में कई ऐसे कलाकार हुए हैं, जिन्होंने अपने नवाचार, तकनीकी दक्षता और कलात्मक दृष्टिकोण से इस विधा को नए आयाम दिए। 19वीं शताब्दी के अंत से लेकर आज तक, मूर्तिकला लगातार विकसित हो रही है और इसमें विभिन्न शैलियों, सामग्री और विचारधाराओं का समावेश हुआ है। इस भाग में हम कुछ महत्वपूर्ण मूर्तिकारों की जीवनी और उनके योगदान का विस्तार से अध्ययन करेंगे।

- अगस्टे रोडिन
- कॉन्सटैंटिन ब्रांकुसी
- हेनरी मूर
- अलेक्ज़ेंडर काल्डर
- लुईस बॉरजुआ
- जेफ कून्स
- अनीश कपूर

औगस्त रोधां: आधुनिक मूर्तिकला के जनक

औगस्त रोधां (Auguste Rodin, 1840-1917) को आधुनिक मूर्तिकला का जनक माना जाता है। उन्होंने पारंपरिक अकादमिक मूर्तिकला के कठोर नियमों को तोड़ते हुए एक नई, अभिव्यक्तिपूर्ण और यथार्थवादी शैली विकसित की। उनकी मूर्तियाँ मानव शरीर की प्राकृतिक गति, भावनात्मक गहराई और असंपूर्णता को दर्शाती हैं, जिससे वे अपने समय के अन्य मूर्तिकारों से अलग और प्रभावशाली बने।

इस लेख में, हम रोडिन के जीवन, उनकी कलात्मक शैली, उनकी प्रमुख कृतियों और आधुनिक मूर्तिकला पर उनके प्रभाव का विस्तार से अध्ययन करेंगे।

1. औगस्त रोधां **का जीवन परिचय**

पूरा नाम: फ्रांस्वा- औगस्त -रेने रोधां (François-Auguste-René Rodin)

जन्म: 12 नवंबर 1840, पेरिस, फ्रांस
मृत्यु: 17 नवंबर 1917, मेडोन, फ्रांस

रोडिन का जन्म एक मध्यमवर्गीय परिवार में हुआ था। उन्होंने कला की प्रारंभिक शिक्षा **पेटिट एकॉल (Petite École)** नामक स्कूल से प्राप्त की, लेकिन उन्हें **पेरिस के प्रतिष्ठित इकोले डेस ब्यू-आर्ट्स (École des Beaux-Arts)** में तीन बार प्रवेश परीक्षा में असफलता मिली। इसके बावजूद उन्होंने मूर्तिकला में अपना अभ्यास जारी रखा और बाद में एक स्वतंत्र मूर्तिकार के रूप में अपनी पहचान बनाई।

2. औगस्त रोधां की कलात्मक शैली और योगदान

रोडिन की मूर्तिकला की सबसे महत्वपूर्ण विशेषता उनकी **अभिव्यक्तिपूर्ण यथार्थवाद (Expressive Realism)** थी। उन्होंने पारंपरिक आदर्शवाद से हटकर, मानव शरीर की **प्राकृतिक मुद्राओं, भावनाओं और सतह की असमानताओं** को अपनी कला में शामिल किया।

रोधां की मूर्तिकला की विशेषताएँ

1. **यथार्थवाद और भावनात्मक अभिव्यक्ति** – उनके कार्यों में मानव शरीर की असली आकृतियों और उनकी गहन भावनाओं को उकेरा गया।
2. **अधूरी और खुरदरी सतहें (Rough Surface)** – यह उनकी मूर्तियों में भावनात्मक गहराई और जीवन-like बनावट जोड़ता था।
3. **प्रकाश और छाया का प्रभाव** –रोधां ने अपनी मूर्तियों में सतह की विविधता के माध्यम से प्रकाश-छाया के खेल को उभारा।
4. **शरीर की गति और सहजता** – उनकी मूर्तियाँ अकादमिक मूर्तिकला की स्थिरता से हटकर, गतिशील और प्रभावशाली थीं।
5. **आंशिक और टुकड़ों में बनाई गई मूर्तियाँ** – रोडिन ने मूर्तिकला को पूरी तरह आदर्श रूप में प्रस्तुत करने की बजाय, अधूरे या असमान रूप में दिखाने की प्रवृत्ति अपनाई।

4. औगस्त रोधां की प्रमुख कृतियाँ

5. Figure 36 Sculptures by Auguste Rodin

1. "द थिंकर" (The Thinker, 1880-1882)

- यह उनकी सबसे प्रसिद्ध कृति है, जिसे गहन विचारशीलता का प्रतीक माना जाता है।
- यह एक नग्न पुरुष की विशाल कांस्य प्रतिमा है, जो अपने सिर को झुका कर गहरे चिंतन में बैठा है।

- यह मूल रूप से उनकी एक बड़ी रचना "**गेट्स ऑफ हेल**" का हिस्सा थी, लेकिन बाद में इसे स्वतंत्र मूर्ति के रूप में प्रस्तुत किया गया।
- यह मूर्ति दर्शन, ज्ञान और आत्मचिंतन का प्रतीक बन गई है।(Figure 1)

2. "द किस" (The Kiss, 1882-1889)

- यह एक प्रेमी युगल की रोमांटिक संगमरमर मूर्ति है।
- इसमें प्रेम और जुनून को अत्यंत यथार्थवादी और भावनात्मक रूप से चित्रित किया गया है।
- यह इतालवी कवि **दांते अलीगियरी (Dante Alighieri)** की कृति **"द डिवाइन कॉमेडी"** से प्रेरित थी।
- मूर्ति में शरीर की **नरमी, प्रवाहमय संरचना और सूक्ष्म विवरण** को उकेरा गया है, जिससे यह प्रेम की अभिव्यक्ति का श्रेष्ठ उदाहरण बन गई।(Figure 2)

3. "गेट्स ऑफ हेल" (The Gates of Hell, 1880-1917)

- यह उनकी सबसे विशाल और जटिल रचनाओं में से एक है।
- यह **दांते की "इनफर्नो"** से प्रेरित थी और इसमें 200 से अधिक मूर्तियाँ शामिल थीं।
- इसमें "द थिंकर," "द किस," और "द थ्री शेड्स" जैसी उनकी अन्य प्रसिद्ध कृतियाँ भी सम्मिलित हैं।
- यह नरक और मानव पीड़ा की जटिल व्याख्या प्रस्तुत करती है।

Figure 37 The Gates of Hell, Auguste Rodin, Bronze

4. "बर्जर्स ऑफ कैले" (The Burghers of Calais, 1884-1895)

- यह एक ऐतिहासिक घटना पर आधारित है जिसमें फ्रांस के छह नागरिक अंग्रेजों के सामने आत्मसमर्पण करने जाते हैं।
- यह मूर्तिकला **बलिदान, साहस और संघर्ष** को दर्शाती है।
- मूर्तियों के हाव-भाव और शरीर की मुद्रा में पीड़ा, भय और दृढ़ संकल्प स्पष्ट रूप से झलकता है।

Figure 38 The Burghers of Calais, Auguste Rodin, Bronze

4. औगस्त रोधां का आधुनिक मूर्तिकला पर प्रभाव

1. **परंपराओं को तोड़कर आधुनिक मूर्तिकला की नींव रखी**
    - उन्होंने अकादमिक नियमों को त्यागकर मूर्तिकला को अधिक स्वाभाविक और भावनात्मक बनाया।

   - उनके द्वारा अपनाई गई **अधूरी बनावट** और **गतिशीलता** बाद में **आधुनिकतावादी आंदोलनों (Modernist Movements)** में देखने को मिली।
2. **प्रकाश और छाया का प्रभाव**
   - उनकी मूर्तियाँ विभिन्न कोणों से देखने पर अलग-अलग प्रभाव देती थीं, जिससे बाद में **क्यूबिज्म और अमूर्त मूर्तिकला (Abstract Sculpture)** को प्रेरणा मिली।
3. **प्रेरणा स्रोत बने नए कलाकारों के लिए**
   - **हेनरी मूर (Henry Moore), कांस्टेंटिन ब्रांकुसी (Constantin Brâncuși), जैक्स लिपशिट्ज़ (Jacques Lipchitz)** जैसे मूर्तिकारों ने उनकी शैली से प्रेरणा ली।
4. **कांस्य मूर्तिकला में नवाचार**
   - रोडिन ने कांस्य की ढलाई में कई तकनीकी प्रयोग किए, जो आगे चलकर आधुनिक मूर्तिकला के लिए उपयोगी सिद्ध हुए।

औगस्त रोधां ने मूर्तिकला को पारंपरिक सीमाओं से बाहर निकालकर उसे एक नई पहचान दी। उनकी कृतियाँ सिर्फ़ सौंदर्य के लिए नहीं, बल्कि **भावनात्मक गहराई और मानवीय संघर्ष** को व्यक्त करने के लिए जानी जाती हैं।

कॉन्सटैंटिन ब्रांकुसी: सरलीकृत रूपों के माध्यम से अमूर्तता की खोज

कॉन्सटैंटिन ब्रांकुसी (Constantin Brâncuși) 20वीं शताब्दी के सबसे प्रभावशाली मूर्तिकारों में से एक थे। वे आधुनिक मूर्तिकला में **अमूर्तता (Abstraction) और सरलीकरण (Simplification)** के प्रमुख अग्रदूत माने जाते हैं। उनकी कला पारंपरिक यथार्थवाद से अलग थी; वे मूर्तियों में **मूल भावनाओं और सार को पकड़ने के लिए आकृतियों को सरलीकृत करते थे**। ब्रांकुसी की मूर्तियाँ रूप, संतुलन और भौतिकता की गहरी समझ को दर्शाती हैं।

1. जीवन परिचय और प्रारंभिक कला यात्रा

जन्म और शिक्षा

- कॉन्सटैंटिन ब्रांकुसी का जन्म **19 फरवरी 1876** को **रोमानिया** में हुआ था।
- उन्होंने बुखारेस्ट के **स्कूल ऑफ फाइन आर्ट्स** में मूर्तिकला का अध्ययन किया।
- 1904 में वे **पेरिस** चले गए और वहाँ उन्होंने प्रतिष्ठित **École des Beaux-Arts** में प्रवेश लिया।

रोडिन के प्रभाव और स्वतंत्रता की खोज

- पेरिस में उन्होंने प्रसिद्ध मूर्तिकार **ऑगस्टे रोडिन)Auguste Rodin)** के स्टूडियो में कुछ समय बिताया।
- हालांकि, जल्द ही उन्होंने महसूस किया कि उनकी कला का मार्ग **यथार्थवादी विवरण)Realistic Detailing) से मुक्त होना** चाहिए।
- उन्होंने कहा था: **"Nothing can grow under big trees."** जिसका अर्थ था कि वे रोडिन की विशाल छाया से बाहर निकलकर अपनी **स्वतंत्र शैली** विकसित करना चाहते थे।

2. ब्रांकुसी की मूर्तिकला की विशेषताएँ

1. सरलीकरण और अमूर्तता (Simplification and Abstraction)

ब्रांकुसी ने मूर्तियों में **अनावश्यक विवरणों को हटा दिया और केवल उनके सार (Essence) को प्रस्तुत किया**।

- वे आकृतियों को इस हद तक सरल बनाते थे कि वे लगभग **अमूर्त)Abstract)** हो जाती थीं।

- उनकी मूर्तियों में **जैविक)Organic) और ज्यामितीय)Geometric) रूपों** का सुंदर संतुलन देखा जाता है।

2. सामग्रियों (Materials) के प्रति निष्ठा

- वे **पत्थर, कांस्य, लकड़ी और संगमरमर** का प्रयोग करते थे।
- उनका मानना था कि **प्राकृतिक सामग्री की सतह और बनावट को उजागर करना चाहिए**।
- वे मूर्तियों को बहुत **चमकदार और चिकनी)Polished) बनाते थे**, जिससे उनकी सतहें दर्पण की तरह चमकती थीं।

3. प्रतीकवाद और आध्यात्मिकता (Symbolism and Spirituality)

- ब्रांकुसी की मूर्तियाँ केवल रूपों तक सीमित नहीं थीं, बल्कि वे गहरे **दार्शनिक और आध्यात्मिक विचारों** को दर्शाती थीं।
- उनके कार्यों में अक्सर **प्रकृति, प्रेम, गति और आत्मा** की अभिव्यक्ति देखी जाती है।

3. ब्रांकुसी की प्रमुख मूर्तियाँ और उनका विश्लेषण

1. "The Kiss" (1907-1908)

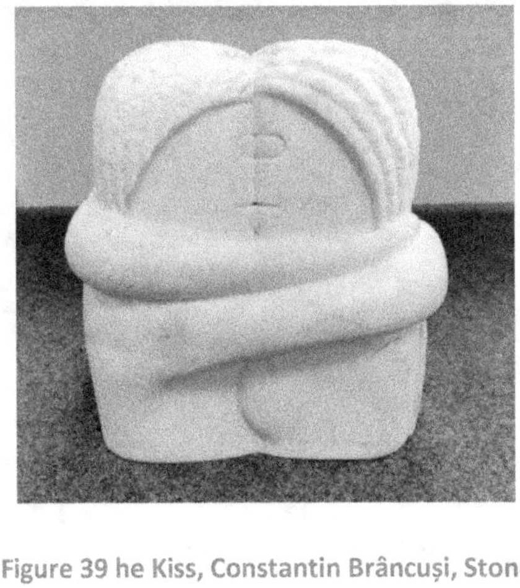

Figure 39 he Kiss, Constantin Brâncuși, Stone

- यह एक सरल, घनांकार मूर्ति है जिसमें **दो प्रेमी एकदूसरे को - आलिंगनबद्ध किए हुए** हैं।
- इसमें कोई अनावश्यक विवरण नहीं है – सिर्फ दो जुड़े हुए शरीर और दो आँखें।
- यह पारंपरिक "The Kiss" (रोडिन की प्रसिद्ध मूर्तिसे बिलकुल अलग (है।
- इसने आधुनिक मूर्तिकला में **सरलीकरण और प्रतीकात्मकता** को बढ़ावा दिया।

2. "Sleeping Muse" (1910)

- यह मूर्ति **कांस्य और संगमरमर** में बनाई गई है और इसमें एक **सोती हुई स्त्री का सरलीकृत चेहरा** दिखाया गया है।
- यह कला की **ध्यानमग्नता)Meditative) और रहस्यवाद)Mysticism)** को दर्शाती है।
- इसमें चेहरे का कोई अनावश्यक विवरण नहीं है – केवल **सरल रेखाएँ और सतह**।

Figure 40 Sleeping Muse, Constantin Brâncuși, Bronze

3. "Bird in Space" (1923-1940)

- यह ब्रांकुसी की सबसे प्रसिद्ध मूर्तियों में से एक है।
- इसमें एक पक्षी को उसकी **गति और उड़ान की भावना** के रूप में प्रस्तुत किया गया है।
- यह पक्षी का यथार्थवादी चित्रण नहीं है, बल्कि यह सिर्फ उसकी **गतिशीलता और ऊर्जावान उभार** को दर्शाता है।
- इस मूर्ति को देखकर ऐसा प्रतीत होता है कि यह आकाश में उड़ने के लिए तैयार है।
- यह इतनी **चिकनी और परिष्कृत)Polished) थी कि इसे अमेरिका में सीमा शुल्क अधिकारियों ने मानने से "कलाकृति" इनकार कर दिया और इसे धातु का साधारण टुकड़ा समझा**!

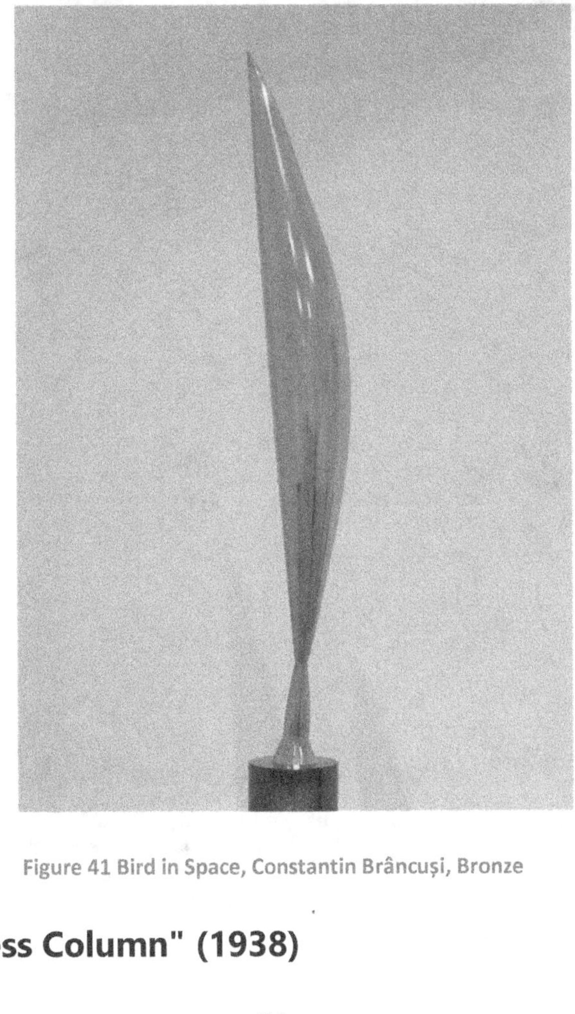

Figure 41 Bird in Space, Constantin Brâncuși, Bronze

4. "Endless Column" (1938)

- यह एक **अर्ध) भअमूर्त स्तं-Column) है जो आसमान की ओर बढ़ता जाता है**।
- यह **अनंतता)Infinity) और आध्यात्मिक उत्थान** का प्रतीक है।
- इसमें छोटेछोटे- **हीरों के आकार के हिस्से जुड़े हुए हैं**, जो इसे **रिदमिक पैटर्न** देते हैं।
- यह मूर्ति यह दर्शाती है कि कला केवल मूर्त रूप तक सीमित नहीं है, बल्कि यह **विचार और भावनाओं** को भी दर्शा सकती है।

Figure 42 Endless Column, Constantin Brâncuși, Oak

4. ब्रांकुसी का प्रभाव और विरासत

1. आधुनिक मूर्तिकला में क्रांति

- ब्रांकुसी ने पारंपरिक यूरोपीय मूर्तिकला के **विस्तृत और जटिल रूपों** को त्यागकर एक **सरलीकृत, सारगर्भित और आधुनिक दृष्टिकोण** विकसित किया।
- उन्होंने कला में **अमूर्तता और प्रतीकात्मकता** की अवधारणा को मजबूत किया।
- उनके कार्यों से प्रेरित होकर भविष्य में **हेनरी मूर)Henry Moore), बारबरा हेपवर्थ)Barbara Hepworth) और इसामु नोगुची)Isamu Noguchi)** जैसे मूर्तिकारों ने अमूर्त मूर्तिकला में नए प्रयोग किए।

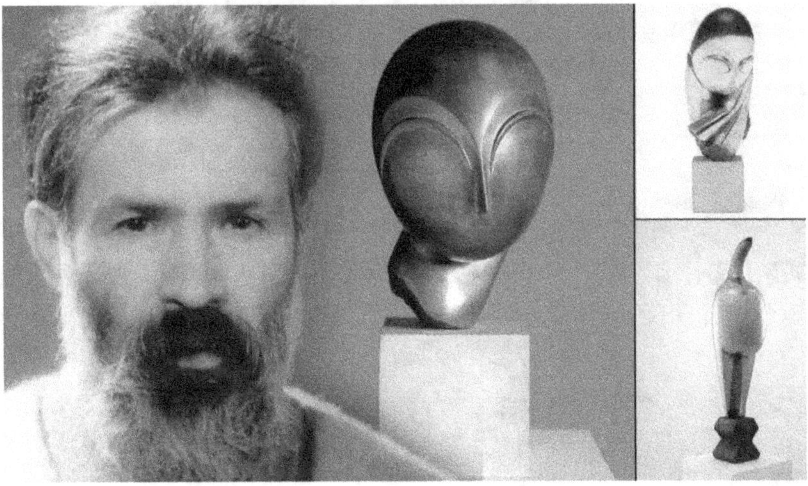

Figure 43 Constantin Brâncuși and his works

2. आर्किटेक्चर और डिजाइन पर प्रभाव

- उनके **सरलीकृत रूप और ज्यामितीय डिज़ाइन** ने **आधुनिक आर्किटेक्चर और औद्योगिक डिजाइन** को भी प्रभावित किया।
- आज भी उनके सिद्धांतों का उपयोग **मिनिमलिस्ट आर्ट और स्कल्पचरल डिज़ाइन** में किया जाता है।

3. संग्रहालय और सम्मान

- आज ब्रांकुसी की मूर्तियाँ **दुनिया के प्रमुख संग्रहालयों** में रखी गई हैं, जैसे कि **मॉमा)MoMA, न्यूयॉर्क) और टेट मॉडर्न (Tate Modern, लंदन(**।
- पेरिस में उनके नाम पर **"अटेलियर ब्रांकुसी) "Atelier Brâncuși)** नामक संग्रहालय है, जिसमें उनकी कई प्रमुख कृतियाँ प्रदर्शित हैं।

कॉन्सटैंटिन ब्रांकुसी ने मूर्तिकला की दुनिया को **यथार्थवाद से मुक्त कर अमूर्तता की ओर अग्रसर किया**।

- उन्होंने **सरलीकरण, अमूर्तता, और प्रतीकात्मकता** को महत्व दिया।
- उनकी मूर्तियाँ **सौंदर्य, भावनात्मकता और आध्यात्मिकता** का अनूठा मिश्रण हैं।
- उन्होंने यह सिद्ध कर दिया कि कला केवल **यथार्थवादी रूप** में ही नहीं, बल्कि **भावना और ऊर्जा के सार)Essence)** के रूप में भी व्यक्त की जा सकती है।

ब्रांकुसी की कला **आज भी आधुनिक मूर्तिकला और डिजाइन की प्रेरणा बनी हुई है** और उनके सरलीकृत रूपों में छिपा हुआ गहरा अर्थ कलाकारों और कला प्रेमियों को लगातार प्रभावित करता आ रहा है।

हेनरी मूर: जैविक आकृतियों और नकारात्मक स्थान का प्रयोग

हेनरी मूर (Henry Moore) 20वीं शताब्दी के सबसे महत्वपूर्ण और प्रभावशाली मूर्तिकारों में से एक थे। उनकी मूर्तियों में **जैविक आकृतियाँ (Organic Forms)**, **अमूर्तता (Abstraction)** और **नकारात्मक स्थान (Negative Space)** की अनूठी अभिव्यक्ति देखने को मिलती है। मूर की कला ने पारंपरिक मूर्तिकला की कठोर संरचनाओं को तोड़कर, उन्हें **प्राकृतिक प्रवाह और मानवीय अनुभवों** से जोड़ा।

उनकी अधिकांश मूर्तियों में **मानव शरीर, विशेष रूप से महिला आकृतियाँ** प्रमुख रूप से देखी जाती हैं। वे प्राकृतिक तत्वों जैसे कि **चट्टान, पहाड़, समुद्री गोले, और हड्डियों** से प्रेरित होकर मूर्तियों का निर्माण करते थे। उनका यह दृष्टिकोण आधुनिक मूर्तिकला के विकास में मील का पत्थर साबित हुआ।

हेनरी मूर की मूर्तिकला की विशेषताएँ

1. जैविक आकृतियाँ (Organic Forms)

- हेनरी मूर की मूर्तियाँ कठोर और ज्यामितीय नहीं होती थीं, बल्कि वे **प्राकृतिक रूपों** से प्रेरित होती थीं।
- उनकी मूर्तियों के आकार प्राकृतिक तत्वों जैसे **चट्टानों, पेड़ों, पहाड़ों, हड्डियों और समुद्री जीवों** से मिलते-जुलते थे।
- इन आकृतियों में **प्रवाह (Flow), लय (Rhythm)** और **संतुलन (Balance)** देखने को मिलता है।
- उनका मानना था कि मानव शरीर की आकृति भी प्रकृति का ही एक भाग है, और उन्होंने इसे अपने कार्यों में खूबसूरती से प्रस्तुत किया।

2. नकारात्मक स्थान (Negative Space) का प्रयोग

- पारंपरिक मूर्तिकला में ठोस आकार और भौतिकता पर ध्यान दिया जाता था, लेकिन मूर ने इसके विपरीत **खाली स्थानों (Negative Space)** का रचनात्मक उपयोग किया।
- उन्होंने मूर्तियों में **छेद (Holes) और रिक्त स्थान** (Voids) बनाए, जिससे मूर्तियों को एक **खुलेपन और हल्केपन** की अनुभूति मिली।
- उनके लिए **खाली स्थान भी उतना ही महत्वपूर्ण था जितना कि मूर्ति का ठोस भाग।**
- यह प्रयोग आधुनिक मूर्तिकला में एक नई दिशा लेकर आया और आगे चलकर कई मूर्तिकारों ने इसे अपनाया।

3. बड़े पैमाने (Monumental Scale) की मूर्तियाँ

- मूर की कई मूर्तियाँ **विशाल आकार (Large Scale)** की होती थीं, जिन्हें सार्वजनिक स्थलों में प्रदर्शित किया गया।
- उन्होंने मूर्तियों को **खुले स्थानों, पार्कों और शहरी स्थलों** के लिए बनाया, ताकि वे प्रकृति और आम लोगों के करीब रहें।
- उनके कार्यों ने यह सिद्ध किया कि मूर्तिकला केवल संग्रहालयों या दीर्घाओं तक सीमित नहीं होनी चाहिए, बल्कि इसे सार्वजनिक स्थानों में भी स्थापित किया जाना चाहिए।

4. अमूर्तता और यथार्थ का मिश्रण (Abstraction and Realism)

- मूर की मूर्तियाँ पूरी तरह से अमूर्त नहीं होती थीं, बल्कि उनमें यथार्थ के कुछ तत्व भी समाहित होते थे।
- मानव आकृति (विशेष रूप से स्त्री और माँ-बच्चे के रूप) उनके कार्यों में प्रमुख थे, लेकिन वे परंपरागत यथार्थवादी शैली में नहीं होते थे।
- उन्होंने मानव शरीर को **अमूर्त रूपों में तोड़ा, सरल किया और उसे प्रकृति के साथ जोड़ा**।

5. सामग्री (Materials) का अनूठा उपयोग

- उन्होंने विभिन्न प्रकार की सामग्रियों का उपयोग किया, जिनमें **कांस्य (Bronze), पत्थर (Stone), लकड़ी (Wood) और कंक्रीट (Concrete)** प्रमुख थे।
- उनके कार्यों में **सामग्री की प्राकृतिक बनावट (Texture)** को स्पष्ट रूप से देखा जा सकता है।
- वे अपने मूर्तियों को हाथ से गढ़ते थे और उनमें सतह की विशेषताओं को बनाए रखते थे, जिससे वे अधिक प्राकृतिक लगती थीं।

हेनरी मूर की प्रमुख मूर्तियाँ और उनका विश्लेषण

1. Reclining Figure (1938)

- यह उनकी सबसे प्रसिद्ध मूर्तियों में से एक है।
- इसमें एक **लेटे हुए स्त्री शरीर** को दर्शाया गया है, लेकिन यह पूरी तरह से अमूर्त है।
- इसमें जैविक आकृतियाँ और नकारात्मक स्थान का अनूठा संतुलन देखा जा सकता है।
- उन्होंने **खाली स्थानों और सतह की बनावट** को प्रमुखता से उभारा।
- यह मूर्ति मानवीय शरीर और प्रकृति के बीच के संबंध को दर्शाती है।

Figure 44 Reclining Figure, Henry Moore, Stone

2. Family Group (1948-49)

- यह मूर्ति **परिवार और मानवीय संबंधों** को दर्शाती है।
- यह मूर्ति स्कूल परिसर के लिए बनाई गई थी, जिससे यह **शिक्षा और परिवार के मूल्यों** से जुड़ती है।
- इसमें **सरल और शक्तिशाली आकृतियों** का प्रयोग किया गया है।
- इसमें परिवार के सदस्यों के बीच भावनात्मक संबंध को दिखाया गया है।

3. Large Reclining Figure (1984)

- यह उनकी **सबसे बड़ी मूर्तियों** में से एक है।
- इसमें जैविक आकृतियों और रिक्त स्थानों का सुंदर तालमेल देखने को मिलता है।
- यह विशाल मूर्ति प्राकृतिक परिवेश के साथ घुल-मिल जाती है।
- इसे प्रकृति के साथ जोड़ने के लिए कांस्य और पत्थर का उपयोग किया गया।

Figure 45 Large Reclining Figure, Henry Moore, Fiberglass

हेनरी मूर की मूर्तिकला पर प्रभाव

हेनरी मूर ने 20वीं शताब्दी की आधुनिक मूर्तिकला को नई दिशा दी। उनके प्रयोगों ने आगे चलकर कई कलाकारों को प्रभावित किया।

1. जैविक अमूर्तता (Organic Abstraction) का विकास

- उनके बाद कई मूर्तिकारों ने जैविक आकृतियों का उपयोग करना शुरू किया।
- उन्होंने प्रकृति और मानव शरीर के बीच के संबंधों को मूर्त रूप में प्रस्तुत करने का मार्ग प्रशस्त किया।

2. नकारात्मक स्थान (Negative Space) की अवधारणा का प्रसार

- उन्होंने यह सिद्ध किया कि खाली स्थान भी मूर्तिकला का एक महत्वपूर्ण हिस्सा हो सकता है।
- यह विचार आगे चलकर **आधुनिक मूर्तिकला, इंस्टॉलेशन आर्ट और सार्वजनिक मूर्तिकला** में देखा गया।

3. सार्वजनिक कला (Public Art) का विस्तार

- उनकी विशाल मूर्तियाँ पार्कों, विश्वविद्यालयों और सार्वजनिक स्थलों में लगाई गईं।
- इसने मूर्तिकला को केवल दीर्घाओं तक सीमित रखने की धारणा को बदला और इसे आम जनता के लिए सुलभ बनाया।

Figure 46 Oval with Points, Henry Moore, Bronze

4. कंसेप्चुअल आर्ट और समकालीन मूर्तिकला पर प्रभाव

- उनकी मूर्तियों ने बाद में आने वाले मूर्तिकारों को पारंपरिक नियमों से अलग सोचने के लिए प्रेरित किया।
- **आधुनिक और समकालीन मूर्तिकारों** जैसे **बारबरा हेपवर्थ (Barbara Hepworth), आनीश कपूर (Anish Kapoor), और एंथनी गॉर्मली (Antony Gormley)** पर उनका गहरा प्रभाव पड़ा।

हेनरी मूर की मूर्तियाँ केवल सौंदर्य के लिए नहीं बनाई गई थीं, बल्कि वे मानवीय भावनाओं, प्रकृति और रूपों के बीच के जटिल संबंधों को दर्शाने का माध्यम थीं।

- उनकी **जैविक आकृतियाँ** मूर्तिकला को प्रकृति से जोड़ती हैं।
- उनका **नकारात्मक स्थान का उपयोग** मूर्तिकला की पारंपरिक अवधारणाओं को चुनौती देता है।
- उनकी विशाल मूर्तियाँ सार्वजनिक स्थलों में कला को जनसामान्य के करीब ले जाती हैं।

उनका योगदान आधुनिक मूर्तिकला के क्षेत्र में **क्रांतिकारी** था, और उनकी कला आज भी समकालीन मूर्तिकला को प्रेरित कर रही है।

अलेक्ज़ेंडर काल्डर: गतिशील मूर्तियों (मोबाइल आर्ट) का विकास

20वीं शताब्दी की आधुनिक मूर्तिकला में अलेक्ज़ेंडर काल्डर (Alexander Calder) का नाम एक क्रांतिकारी कलाकार के रूप में लिया जाता है। उन्होंने पारंपरिक स्थिर मूर्तिकला की अवधारणा को पूरी तरह से बदल दिया और **गतिशील मूर्तियाँ (Mobiles)** विकसित कीं। यह कला का एक नया रूप था, जिसमें हवा, गुरुत्वाकर्षण और गति का संयोजन किया गया था।

काल्डर की मूर्तियाँ न केवल सौंदर्य और संरचना की दृष्टि से नवीन थीं, बल्कि उन्होंने मूर्तिकला को एक **सक्रिय, बदलते हुए माध्यम** में परिवर्तित कर दिया। उनके द्वारा विकसित **मोबाइल और स्टैबाइल (Mobiles and Stabiles)** मूर्तिकला इतिहास में एक महत्वपूर्ण मोड़ साबित हुए। इस निबंध में हम काल्डर के जीवन, उनके कलात्मक विकास, मोबाइल मूर्तियों की अवधारणा, उनकी प्रमुख कृतियों और आधुनिक मूर्तिकला पर उनके प्रभाव का विस्तार से अध्ययन करेंगे।

1. अलेक्ज़ेंडर काल्डर का जीवन परिचय

- जन्म :22 जुलाई 1898, लॉटन, पेंसिल्वेनिया, अमेरिका
- मृत्यु :11 नवंबर 1976, न्यूयॉर्क, अमेरिका
- कला क्षेत्रमूर्तिकला :, चित्रकला, ग्राफिक्स, औद्योगिक डिजाइन
- प्रमुख योगदान: **मोबाइल मूर्तियों)Kinetic Sculptures) का विकास**

काल्डर का जन्म एक कलात्मक परिवार में हुआ था। उनके पिता स्टर्लिंग काल्डर (Sterling Calder) एक जाने-माने मूर्तिकार थे, और उनकी माँ नानट्टी लेडिंगटन (Nanette Lederer Calder) एक चित्रकार थीं। उन्होंने मैकेनिकल इंजीनियरिंग की पढ़ाई की, लेकिन बाद में पेरिस में **Académie de la Grande Chaumière** में कला की पढ़ाई की।

उनका तकनीकी ज्ञान और कलात्मक दृष्टिकोण ने उन्हें एक **यांत्रिक और वैज्ञानिक रूप से प्रेरित मूर्तिकार** बनने में मदद की।

2. गतिशील मूर्तियों (Mobiles) की अवधारणा

2.1 मोबाइल मूर्तियों का जन्म

1920 और 1930 के दशक में, काल्डर ने मूर्तिकला में **गति को शामिल करने** का प्रयोग शुरू किया। इससे पहले की मूर्तियाँ ज्यादातर स्थिर और ठोस होती थीं, लेकिन काल्डर ने मूर्तिकला को गतिशील बना दिया।

मोबाइल मूर्तियाँ हवा, संतुलन और प्राकृतिक बलों के साथ संवाद करती थीं। काल्डर ने इन मूर्तियों को पतले तारों, धातु की प्लेटों और हल्की आकृतियों का उपयोग करके बनाया, जो हवा या हल्के धक्के से **स्वयं गति करती थीं।**

उनके मित्र और प्रसिद्ध कलाकार **मार्सेल दुचांप (Marcel Duchamp)** ने काल्डर की इन गतिशील मूर्तियों को *"मोबाइल"* नाम दिया, जिसका अर्थ है "गतिशील" या "चलने वाला।"

2.2 मोबाइल मूर्तियों की विशेषताएँ

1. **गुरुत्वाकर्षण और संतुलन का प्रयोग:** मूर्तियाँ हवा में लटकती हैं और संतुलन के आधार पर गति करती हैं।
2. **प्राकृतिक गति:** हवा, स्पर्श या हल्के धक्के से मूर्तियाँ बदलती रहती हैं।
3. **अमूर्त रूप:** इनमें ज्यामितीय और जैविक आकृतियों का समावेश होता है।
4. **हल्की सामग्री का प्रयोग:** पतली धातु की चादरें, तार और लकड़ी का उपयोग किया गया।
5. **यांत्रिक और जैविक प्रभाव:** कुछ मूर्तियाँ पूरी तरह से हवा से संचालित होती थीं, जबकि कुछ में मोटरों का भी उपयोग किया गया।

3. प्रमुख कृतियाँ और उनका महत्व

3.1 "लॉबस्टर ट्रैप एंड फिश टेल" (Lobster Trap and Fish Tail) – 1939

- यह काल्डर की शुरुआती मोबाइल मूर्तियों में से एक थी।
- इसमें पतले धातु के तार और रंगीन धातु की चादरों को एक संतुलित संरचना में रखा गया था।
- यह हवा के झोंकों से लगातार बदलती रहती थी, जिससे यह एक **सजीव मूर्ति** बन गई।

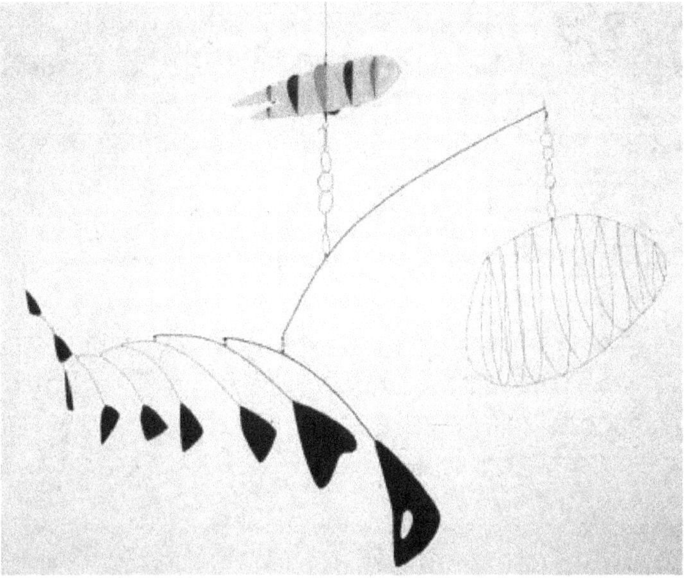

Figure 47 Lobster Trap and Fish Tail, Alexander Calder, Painted steel wire and sheet aluminum

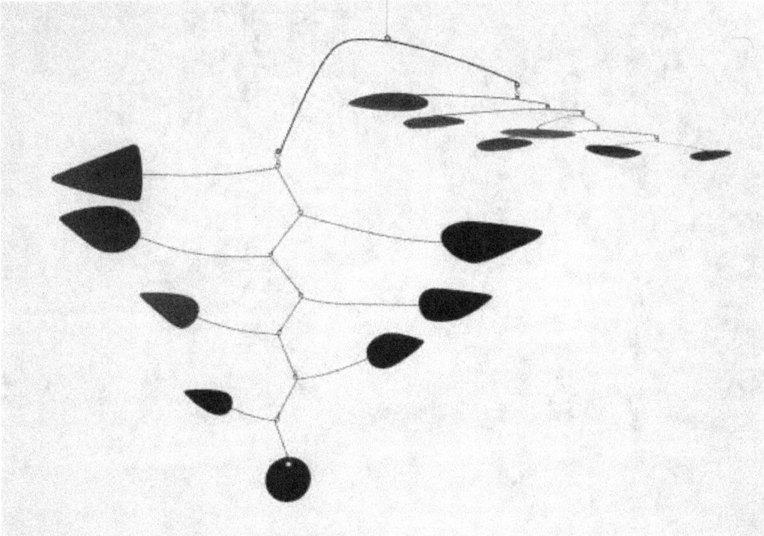

Figure 48 Roaming Black, Alexander Calder, Painted steel wire and sheet aluminum

3.2 "रोमिंग ब्लैक" (Roaming Black) – 1949

- यह एक बड़े पैमाने पर बनाई गई सार्वजनिक मूर्तिकला थी।
- यह हवा में धीमी गति से घूमती थी, जिससे यह हर समय नया रूप धारण करती थी।
- इस मूर्ति ने **आधुनिक वास्तुकला और मूर्तिकला के संबंध** को नया रूप दिया।

3.3 "फ्लेमिंगो" (Flamingo) – 1973

- यह एक **स्थिर मूर्तिकला)Stabile)** थी, जो 50 फीट ऊँची थी।
- इसे शिकागो शहर में लगाया गया था।
- यह एक विशाल लाल रंग की अमूर्त आकृति थी, जो शहरी वातावरण के साथ मेल खाती थी।

Figure 49 Flamingo, , Alexander Calder, Painted steel

3.4 "द स्पाइडर" (The Spider) – 1940s

- यह एक जैविक और अमूर्त मूर्तिकला थी, जो किसी विशाल मकड़ी जैसी दिखती थी।
- इसमें प्राकृतिक गतियों का अद्भुत संतुलन था।

Figure 50 The Spider, Alexander Calder, Painted steel wire and sheet aluminum

4. आधुनिक मूर्तिकला पर काल्डर का प्रभाव

4.1 मूर्तिकला में गति का समावेश

- काल्डर पहले मूर्तिकार थे जिन्होंने मूर्तिकला को **गतिशील रूप** दिया।
- उनकी मोबाइल मूर्तियों ने 20वीं शताब्दी की कला को नई दिशा दी।
- उनके विचारों से **किनेटिक आर्ट)Kinetic Art)** का विकास हुआ, जिसमें **गति ही मूर्तिकला का मुख्य तत्व** होती है।

4.2 सार्वजनिक और स्थापत्य कला में योगदान

- उन्होंने कई सार्वजनिक स्थानों के लिए विशाल मूर्तियाँ बनाईं, जो स्थापत्य कला से जुड़ी थीं।
- उनकी स्टैबाइल मूर्तियाँ आज भी दुनियाभर के कई शहरों में देखी जा सकती हैं।

4.3 समकालीन कलाकारों पर प्रभाव

- काल्डर की मूर्तियाँ भविष्य के मूर्तिकारों के लिए प्रेरणा बनीं।
- उनकी शैली को समकालीन कलाकारों ने आगे बढ़ाया और विकसित किया।

अलेक्ज़ेंडर काल्डर ने पारंपरिक मूर्तिकला की स्थिरता को तोड़कर उसे **गति, संतुलन और प्रकृति के साथ जोड़ दिया**। उनकी मोबाइल मूर्तियाँ हवा और गुरुत्वाकर्षण के साथ संवाद करती हैं, जिससे वे एक **सजीव कला रूप** बन गईं।

- उन्होंने मूर्तिकला को केवल ठोस संरचना तक सीमित न रखकर उसे **गतिशील, अमूर्त और तकनीकी रूप से परिष्कृत** बनाया।
- उनकी कलाकृतियाँ आज भी **आधुनिक कला संग्रहालयों और सार्वजनिक स्थलों** पर प्रेरणा का स्रोत बनी हुई हैं।
- काल्डर का योगदान **किनेटिक आर्ट, अमूर्त मूर्तिकला और सार्वजनिक कला** के विकास में अमूल्य रहा है।

उनका कार्य सिद्ध करता है कि कला केवल देखने की वस्तु नहीं है, बल्कि यह **परिवर्तनशील, संवादात्मक और गतिशील** भी हो सकती है।

लुईस बॉरजुआ: मनोवैज्ञानिक और स्त्रीवादी दृष्टिकोण वाली मूर्तियाँ

लुईस बॉरजुआ (Louise Bourgeois, 1911-2010) 20वीं और 21वीं शताब्दी की सबसे प्रभावशाली मूर्तिकारों में से एक थीं। उनकी कला

मनोवैज्ञानिक जटिलताओं, व्यक्तिगत अनुभवों और स्त्रीवादी विचारों से गहराई से जुड़ी हुई थी। उनका कार्य मुख्य रूप से **मनोविश्लेषण, बचपन की स्मृतियों, पारिवारिक संबंधों, शरीर, कामुकता, भय और स्त्रीवाद** से प्रेरित था। उनकी मूर्तियाँ केवल सौंदर्य की दृष्टि से नहीं बनाई जाती थीं, बल्कि उनमें गहरे **भावनात्मक और मनोवैज्ञानिक अर्थ** भी छिपे होते थे।

बॉरजुआ की मूर्तियों में **मनोवैज्ञानिक तनाव और स्त्रीत्व के जटिल पहलू** दिखते हैं। उनके द्वारा निर्मित कला कार्यों में जैविक, अमूर्त और प्रतीकात्मक रूपों का अनूठा मिश्रण देखने को मिलता है। उन्होंने अपने व्यक्तिगत अनुभवों को मूर्तिकला के माध्यम से व्यक्त किया और स्त्री जीवन के संघर्षों, शरीर की धारणा और मातृत्व को अपनी कला में प्रमुखता से दर्शाया।

मनोवैज्ञानिक दृष्टिकोण: मूर्तियों में अवचेतन, भय और बचपन की स्मृतियाँ

1. बचपन के अनुभव और उनके प्रभाव

बॉरजुआ का बचपन उनके कला जीवन का एक महत्वपूर्ण प्रेरणास्रोत रहा। उनके पिता का विवाहेतर संबंध था, जो उनकी माँ के जीवनभर के दुःख का कारण बना। इससे उनके मन में क्रोध, असुरक्षा और द्वंद्व की भावना विकसित हुई, जिसे उन्होंने अपनी मूर्तियों में व्यक्त किया।

उनकी कला में **मनोविश्लेषण (Psychoanalysis)** का प्रभाव भी देखा जा सकता है। सिगमंड फ्रायड (Sigmund Freud) और जैक्स लाकान (Jacques Lacan) जैसे मनोविश्लेषकों की अवधारणाएँ उनकी मूर्तियों में झलकती हैं।

प्रमुख कृति" :Destruction of the Father" (1974)

- यह मूर्ति उनके बचपन के क्रोध और उनके पिता के प्रति द्वंद्व को दर्शाती है।

- इसमें एक भयावह, गुफा जैसी संरचना दिखाई देती है, जो एक मेज की तरह लगती है, जहाँ एक काल्पनिक पिता का प्रतीकात्मक रूप से 'विनाश' किया जाता है।
- यह कृति पितृसत्ता और पारिवारिक संबंधों की जटिलताओं पर कटाक्ष करती है।

Figure 51 Destruction of the Father, Louise Bourgeois

2. भय, चिंता और मनोवैज्ञानिक द्वंद्व

बॉरजुआ की मूर्तियाँ भावनाओं के जटिल रूपों को मूर्त रूप देने का कार्य करती हैं। उनकी कृतियों में **असुरक्षा, भय और अकेलेपन** की झलक मिलती है।

प्रमुख कृति" :Cells" (1990s)

- यह मूर्तिकलाश्रृंखला- **अलगाव, भय और कैद** की भावनाओं को व्यक्त करती है।
- इनमें संलग्न कक्ष)Enclosed Spaces) बनाए गए हैं, जिनमें दरवाजे, पिंजरे और धुंधले शीशे जैसी संरचनाएँ दिखाई देती हैं।

- यह मनुष्य के मानसिक और भावनात्मक द्वंद्व को दर्शाने का प्रतीक था।

Figure 52 Cells, Louise Bourgeois

स्त्रीवादी दृष्टिकोण: शरीर, मातृत्व और स्त्रीत्व की जटिलताएँ

लुईस बॉरजुआ ने अपनी मूर्तियों में **स्त्री के शरीर, मातृत्व, कामुकता, और पितृसत्ता** के प्रभावों को उजागर किया। उन्होंने स्त्रीवाद (Feminism) को अपनी कला में गहराई से समाहित किया और स्त्री शरीर को नए संदर्भों में प्रस्तुत किया।

1. स्त्री शरीर और मातृत्व

बॉरजुआ की मूर्तियों में **महिला शरीर को शक्ति और संवेदनशीलता दोनों के प्रतीक के रूप में दर्शाया गया।**

प्रमुख कृति" :Femme Maison" (1946-47)

- इस चित्रण में एक महिला का शरीर घर में परिवर्तित हो जाता है, जो यह दर्शाता है कि महिलाओं की पहचान अक्सर घरेलू जीवन से जुड़ी होती है।

- यह मूर्ति स्त्री की सामाजिक स्थिति और उसकी स्वतंत्रता पर सवाल उठाती है।

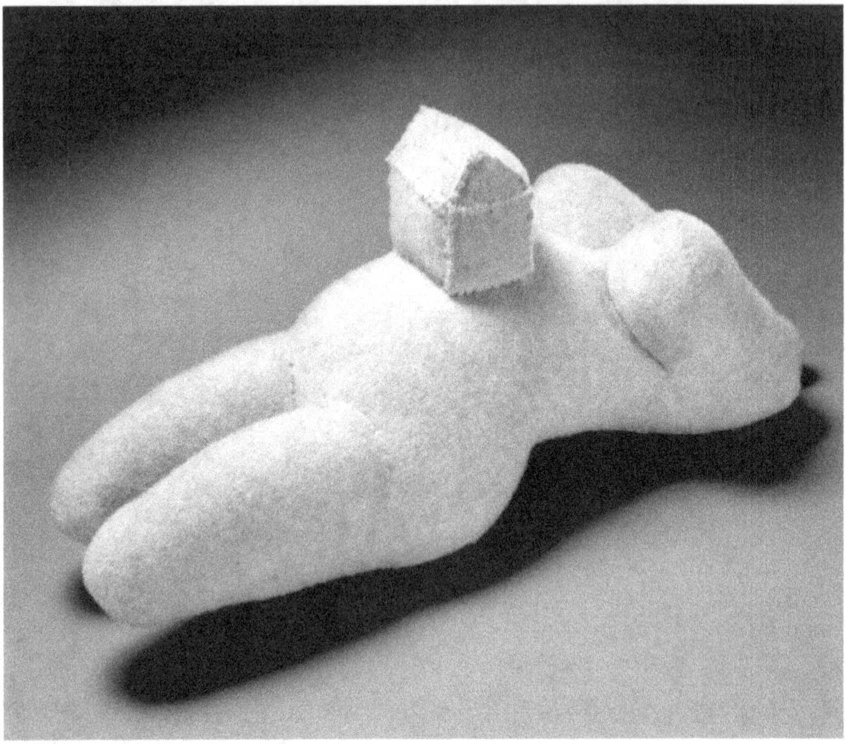

Figure 53 Femme Maison, Louise Bourgeois

प्रमुख कृति" :Maman" (1999)

- यह उनकी सबसे प्रसिद्ध मूर्तियों में से एक है।
- यह एक **विशाल मकड़ी** के रूप में बनाई गई थी, जो **माँ के रूप** को दर्शाती है।
- इस मूर्ति के माध्यम से उन्होंने अपनी माँ की छवि को याद किया, जो एक मजबूत और बुद्धिमान महिला थीं।
- मकड़ी को एक **संरक्षक)Protector) और बुनकर)Weaver)** के रूप में देखा जाता है, जो स्त्रीत्व और मातृत्व का प्रतीक है।
- इस कृति को **स्त्री शक्ति, देखभाल और सुरक्षा** का प्रतीक माना जाता है।

Figure 54 Maman, Louise Bourgeois, Stainless steel, bronze, marble

2. कामुकता और स्त्रीत्व

उनकी कई मूर्तियाँ **मानव शरीर के रूपों** पर आधारित हैं, जिनमें **स्त्री और पुरुष शरीर के प्रतीकात्मक स्वरूपों** को दर्शाया गया है।

प्रमुख कृति" :Fillette" (1968)

- यह मूर्ति एक **फैलस)Phallus)** के आकार की थी, लेकिन इसे स्त्रीत्व और पुरुषत्व के बीच की जटिलताओं को दर्शाने के लिए बनाया गया था।
- इसमें स्त्री और पुरुष के बीच सत्ता संतुलन और समाज में लैंगिक पहचान की जटिलताओं को दिखाया गया है।

Figure 55 Fillette, Louise Bourgeois, Latex over plaster

तकनीक और सामग्री: नए माध्यमों का उपयोग

बॉरजुआ ने मूर्तिकला में पारंपरिक और आधुनिक दोनों प्रकार की सामग्रियों का उपयोग किया।

- उन्होंने **कांस्य)Bronze), संगमरमर)Marble), प्लास्टर)Plaster), कपड़ा)Fabric), और स्टील)Steel)** जैसी सामग्रियों का प्रयोग किया।
- उन्होंने **नरम और कठोर सामग्रियों** का मिश्रण करके मूर्तिकला को एक नया रूप दिया।
- उनकी कला में **कपड़े और धागे का उपयोग** भी देखा गया, जिससे उन्होंने मातृत्व, सुरक्षा और स्त्रीत्व को व्यक्त किया।

प्रमुख कृति" :The Arch of Hysteria" (1993)

- यह मूर्ति एक झुके हुए मानव शरीर का प्रतीक है, जो स्त्री हिस्टीरिया-)Hysteria) की धारणा को दर्शाती है।
- यह पितृसत्ता द्वारा बनाई गई मानसिक और शारीरिक सीमाओं को चुनौती देती है।

Figure 56 The Arch of Hysteria, Louise Bourgeois, bronze polished patina

लुईस बॉरजुआ की मूर्तियाँ केवल कला कृतियाँ नहीं थीं, बल्कि वे **भावनाओं, यादों, भय और स्त्रीत्व के जटिल अनुभवों** की गहरी अभिव्यक्ति थीं।

- उन्होंने अपने **मनोवैज्ञानिक अनुभवों** को मूर्त रूप दिया और **स्त्रीवाद की अवधारणाओं** को कलात्मक रूप में प्रस्तुत किया।

- उनकी मूर्तियाँ **व्यक्तिगत और सार्वभौमिक भावनाओं** का मेल थीं, जिन्होंने कला जगत में **स्त्री कलाकारों की भूमिका** को और अधिक सशक्त किया।
- उनके द्वारा उठाए गए मुद्दे आज भी **स्त्री स्वतंत्रता, शरीर की धारणा और मातृत्व** की चर्चाओं में महत्वपूर्ण स्थान रखते हैं।

उनकी कला आज भी **समकालीन मूर्तिकला, स्त्रीवाद और मनोवैज्ञानिक कला** को प्रेरित कर रही है। उनकी मूर्तियों की गहराई और प्रभावशीलता उन्हें आधुनिक मूर्तिकला की सबसे महत्वपूर्ण शख्सियतों में से एक बनाती है।

जेफ कून्स: उपभोक्तावाद और पॉप आर्ट का मूर्तिकला में उपयोग

जेफ कून्स (Jeff Koons) समकालीन मूर्तिकला के सबसे चर्चित और विवादास्पद कलाकारों में से एक हैं। उनकी कला का मुख्य विषय **उपभोक्तावाद (Consumerism), पॉप संस्कृति (Pop Culture), किट्स्च (Kitsch), और रोजमर्रा की वस्तुओं को उच्च कला में बदलने** से जुड़ा है।

कून्स की मूर्तियाँ अक्सर **भड़कीली, चमकदार और भव्य** होती हैं, जो **बच्चों के खिलौनों, विज्ञापनों और लोकप्रिय संस्कृति** से प्रेरित होती हैं। उन्होंने पॉप आर्ट (Pop Art) के विचारों को मूर्तिकला में एक नए अंदाज़ में प्रस्तुत किया और कला को आम जनता के लिए अधिक आकर्षक बनाया।

इस निबंध में हम जेफ कून्स की कला में **उपभोक्तावाद और पॉप आर्ट** के प्रयोग का विस्तृत अध्ययन करेंगे और उनकी प्रमुख मूर्तियों का विश्लेषण करेंगे।

1. जेफ कून्स और उनकी कला की विशेषताएँ

जेफ कून्स की मूर्तिकला को समझने के लिए उनकी कला की कुछ प्रमुख विशेषताओं को देखना जरूरी है:

(i) उपभोक्तावाद और रोज़मर्रा की वस्तुएँ

- कून्स की कला **आधुनिक उपभोक्तावादी समाज** को दर्शाती है, जहां ब्रांड, विज्ञापन और वस्तुएँ हमारी पहचान का हिस्सा बन चुके हैं।
- उन्होंने आम उपयोग की वस्तुओं को कला में बदल दिया, जैसे **गुब्बारे)Balloon), खिलौने, स्टील से बनी प्रतिमाएँ और पॉप कल्चर के प्रतीक**।
- उनकी मूर्तियाँ दिखने में इतनी चमकदार और परिष्कृत होती हैं कि वे **लक्ज़री ब्रांड उत्पादों** जैसी प्रतीत होती हैं।

(ii) पॉप आर्ट से प्रेरणा

- कून्स की कला **एंडी वॉरहोल)Andy Warhol) और रॉय लिचेंस्टीन) Roy Lichtenstein)** जैसे पॉप आर्ट के कलाकारों से प्रेरित है।
- पॉप आर्ट की तरह, कून्स ने भी **जनप्रिय)mass-produced) चीज़ों को कला का विषय बनाया** और उसे भव्य रूप में प्रस्तुत किया।
- उनकी मूर्तियाँ किट्स्च)Kitsch) शैली को अपनाती हैं, जिसमें भड़कीला और दिखावटी सौंदर्य प्रमुख होता है।

(iii) भव्यता और चमकदार सामग्री का प्रयोग

- उनकी मूर्तियाँ अक्सर **स्टेनलेस स्टील, काँच, और चमकदार पेंट** से बनाई जाती हैं, जो उन्हें लक्ज़री ब्रांड जैसा स्वरूप देती हैं।
- वे बड़ी और भव्य संरचनाएँ बनाते हैं, जो **दर्शकों को मोहित और आकर्षित करने** के लिए तैयार की जाती हैं।
- उनकी मूर्तियों की सतह इतनी चमकदार होती है कि दर्शक खुद को उनमें देख सकते हैं, जिससे वे **परावर्तन और आत्मनिरीक्षण** का भी विषय बन जाती हैं।

2. प्रमुख मूर्तियाँ और उनमें उपभोक्तावाद और पॉप आर्ट का प्रभाव

(i) "Balloon Dog" (1994-2000)

- यह मूर्तिकला **एक विशालकाय स्टील से बना गुब्बारे जैसा कुत्ता** है, जो **धातु की चमकदार सतह** से बना है।
- इसे पांच रंगों नीला), लाल, पीला, नारंगी और गुलाबीमें बनाया गया। (
- यह देखने में हल्का और बच्चों के जन्मदिन पर मिलने वाले गुब्बारों जैसा लगता है, लेकिन यह भारी और ठोस धातु से बना हुआ है।

- यह **बचपन की मासूमियत और उपभोक्तावादी लक्ज़री संस्कृति** का मिश्रण है।
- यह खिलौने जैसी दिखती है लेकिन इतनी महंगी है कि केवल धनी कलेक्टर ही इसे खरीद सकते हैं।
- यह कला और उपभोक्तावादी दुनिया के बीच की रेखा को धुंधला कर देती है।

Figure 57 Balloon Dog, Jeff Koons, Stainless steel

(ii) "Michael Jackson and Bubbles" (1988)

- यह प्रसिद्ध पॉप गायक **माइकल जैक्सन और उनके पालतू बंदर की एक सुनहरी मूर्तिकला "बबल्स"** है।
- यह यूरोपियन पोरसेलीन)Porcelain) की मूर्तियों जैसी दिखती है और अत्यधिक भव्य है।
- इसमें सोने और सफेद रंग की भव्यता दिखाई गई है।
- माइकल जैक्सन खुद **पॉप संस्कृति और उपभोक्तावाद का प्रतीक** थे, और कून्स ने उन्हें एक पवित्र मूर्ति की तरह प्रस्तुत किया।

- मूर्ति समाज में **सेलिब्रिटी संस्कृति, ग्लैमर और व्यावसायिकता** को दर्शाती है।
- यह पॉप कल्चर की मूर्तिपूजा)Idol Worship) की आलोचना भी कर सकती है।

Figure 58 Michael Jackson and Bubbles, Jeff Koons, Porcelain

(iii) "Rabbit" (1986)

- यह एक **स्टील से बनी खरगोश)Rabbit) की मूर्ति** है, जो गुब्बारे से बनी हुई प्रतीत होती है।

- इसकी **सतह इतनी चमकदार** है कि इसमें दर्शक खुद को देख सकते हैं।
- यह आधुनिक समाज में **लक्ज़री और प्लास्टिक जैसे दिखने वाले उत्पादों की दुनिया** को दर्शाती है।

- इसका **गुब्बारे जैसा हल्का और खेलोन्मुखी रूप मासूमियत को दर्शाता है, लेकिन धातु का कठोर उपयोग इसकी जटिलता को दर्शाता है।**
- इसे अक्सर **20वीं शताब्दी की सबसे प्रभावशाली मूर्तिकला** माना जाता है।

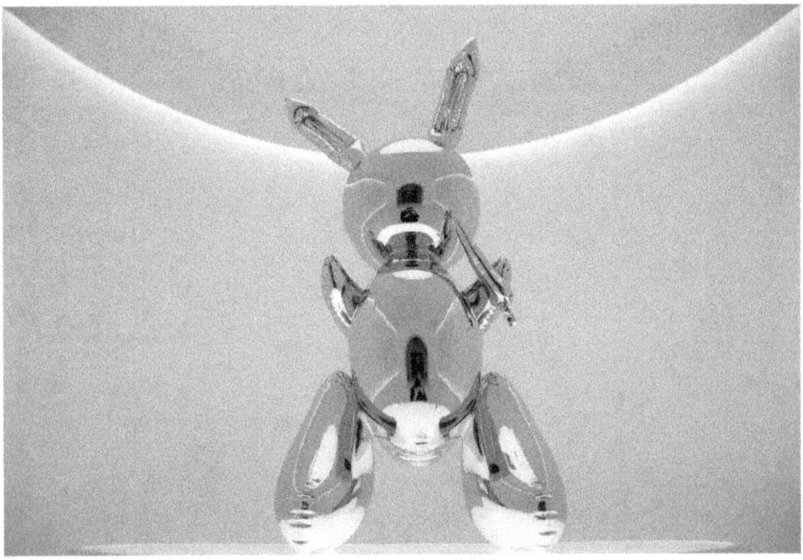

Figure 59 Rabbit, Jeff Koons, Stainless steel

3. जेफ कून्स और उनकी कला पर आलोचना

(i) क्या यह कला है या सिर्फ़ बाज़ारवाद?

- कून्स की कला पर आरोप लगाया जाता है कि वह **सिर्फ़ दिखावटी)superficial) और बाज़ार में बिकने के लिए बनाई गई** है।
- उनकी मूर्तियाँ **अत्यधिक महंगी** होती हैं और अमीर कला संग्राहकों द्वारा ऊँची कीमतों पर खरीदी जाती हैं।

- कुछ आलोचक कहते हैं कि उनकी कला केवल **पूंजीवाद और ब्रांड संस्कृति को मजबूत करती है**।

(ii) क्या वे सिर्फ़ किट्स्च (Kitsch) बना रहे हैं?

- उनकी मूर्तियाँ अत्यधिक भव्य और चमकदार होती हैं, जो कई बार **कलात्मक गहराई से अधिक आकर्षण पर ध्यान देती हैं**।
- कुछ कला समीक्षक इसे गंभीर कला नहीं मानते, बल्कि सिर्फ़ **दिखावटी उपभोक्तावादी कला** मानते हैं।

Figure 60 Seated Ballerina, Jeff Koons, Stainless steel

जेफ कून्स ने **उपभोक्तावाद और पॉप आर्ट** को मूर्तिकला में एक नए स्तर पर पहुँचा दिया। उनकी कला न केवल **समकालीन समाज के उपभोक्तावादी प्रवृत्तियों को दर्शाती है, बल्कि उसे चुनौती भी देती है**।

- उनकी मूर्तियाँ **बचपन, मासूमियत, लक्ज़री और बाज़ारवाद का अनोखा मिश्रण** हैं।
- वे दिखने में **सरल और चमकदार** हैं, लेकिन उनमें छुपे **संदेश गहरे और विचारोत्तेजक** हो सकते हैं।

- उनकी कला **कला और बाज़ारवाद, मासूमियत और दिखावे, और उच्च संस्कृति और लोकप्रिय संस्कृति** के बीच का संबंध उजागर करती है।

चाहे उनकी कला को आलोचना मिले या सराहना, यह निस्संदेह है कि **जेफ कून्स समकालीन मूर्तिकला के सबसे चर्चित और प्रभावशाली कलाकारों में से एक हैं।**

अनीश कपूर: रंग, प्रतिबिंब, और विशाल इंस्टॉलेशन मूर्तिकला

अनीश कपूर (Anish Kapoor) समकालीन मूर्तिकला के सबसे प्रभावशाली कलाकारों में से एक हैं। भारतीय मूल के ब्रिटिश मूर्तिकार कपूर अपने **विशाल इंस्टॉलेशनों, गहरे रंगों, दर्पण जैसी सतहों, और अमूर्त रूपों** के लिए प्रसिद्ध हैं। उनकी कृतियाँ पारंपरिक मूर्तिकला से हटकर **स्थल-विशेष (site-specific) और अनुभवात्मक कला** पर केंद्रित हैं, जहाँ दर्शक स्वयं कला का एक हिस्सा बन जाते हैं।

उन्होंने **ठोस और खाली स्थान, रोशनी और छाया, रंग और प्रतिबिंब** के बीच के संबंधों का गहन अध्ययन किया है। उनकी मूर्तियों में **धातु, पत्थर, मोम, पिगमेंट, और आधुनिक तकनीक** का अनूठा संयोजन देखने को मिलता है।

1. अनीश कपूर और रंग का प्रयोग

रंगों की गहराई और रहस्यमय प्रभाव

- कपूर अपनी कला में रंगों के माध्यम से एक **आध्यात्मिक और रहस्यमय अनुभव** उत्पन्न करने का प्रयास करते हैं।
- उन्होंने अपने करियर की शुरुआत में ही गहरे **लाल, नीले, काले और पीले** रंगों के पाउडर)Pigment) से ढकी मूर्तियों का निर्माण किया।
- उनका मानना है कि रंग स्वयं में एक **अमूर्त)Abstract) तत्व** है, जो दर्शकों को एक अदृश्य संसार की ओर ले जाता है।

प्रमुख कृतियाँ जो रंगों पर केंद्रित हैं

1. "1,000 Names" (1979-80)

- यह कपूर की शुरुआती कृतियों में से एक थी, जिसमें उन्होंने **शुद्ध पिगमेंट** का उपयोग किया।
- मूर्तियाँ चमकीले रंगों में थीं और वे एक **अज्ञात, आध्यात्मिक ऊर्जा** को व्यक्त कर रही थीं।
- इस कृति में भारतीय संस्कृति से प्रभावित **शिवलिंग और पिंडी जैसी आकृतियाँ** भी देखी जा सकती हैं।

Figure 61 1,000 Names, Anish Kapoor, wood, drywall, powder pigment

2. "Yellow" (1999)

- इस मूर्ति में कपूर ने दीवार में एक विशाल **गड्ढे)cavity)** बनाया और उसे गहरे पीले रंग से रंग दिया।
- जब दर्शक इसे देखते हैं, तो वे इस भ्रम में पड़ जाते हैं कि यह एक **चपटे या गहरे** रूप में है।
- इसने **स्पेस और गहराई की अवधारणा** को पूरी तरह बदल दिया।

Figure 62 Yellow, Anish Kapoor, Fiberglass and pigment

2. प्रतिबिंब और दर्पण जैसी सतहें

प्रतिबिंब से वास्तविकता का रूपांतरण

- अनीश कपूर ने कई मूर्तियों में **चमकदार धातु और दर्पण जैसी सतहों** का उपयोग किया, जिससे प्रतिबिंबों में विकृति उत्पन्न होती है।
- यह प्रतिबिंब दर्शकों को अपनी छवि के साथ एक नया संवाद स्थापित करने का मौका देते हैं।
- इन मूर्तियों के माध्यम से कपूर ने **रियलिटी)Reality) और इल्यूजन)Illusion) के बीच के अंतर** को चुनौती दी।

प्रमुख कृतियाँ जो प्रतिबिंब और सतहों पर केंद्रित हैं

1. "Cloud Gate" (2004-06) – शिकागो का आइकॉनिक "बीन"

- यह अनीश कपूर की सबसे प्रसिद्ध कृति है, जिसे आमतौर पर "The Bean" कहा जाता है।

- यह 110 टन भारी स्टेनलेस स्टील से बनी हुई है और पूरी तरह से **चमकदार, दर्पण जैसी सतह** से ढकी हुई है।
- इसमें **शहर, आसमान और दर्शकों** का प्रतिबिंब अजीबोगरीब रूप से दिखता है, जिससे एक **वास्तविक और अवास्तविक अनुभव** बनता है।
- यह मूर्तिकला सार्वजनिक स्थान में रखी गई सबसे प्रभावशाली आधुनिक कृतियों में से एक मानी जाती है।

Figure 63 Cloud Gate, Anish Kapoor, Stainless steel

2. "Sky Mirror" (2001)

- यह एक विशाल **स्टेनलेस स्टील का दर्पण** है, जिसे विभिन्न जगहों लंदन), न्यूयॉर्क आदिपर लगाया गया है। (
- यह आकाश और उसके बदलते रंगों को दर्शाता है, जिससे पर्यावरण और मूर्तिकला का एक अनोखा संबंध स्थापित होता है।
- कपूर ने इसे का एक "के माध्यम से देखने प्राकृतिक तत्वों को कला" नया तरीका बताया।

Figure 64 Sky Mirror, Anish Kapoor, Stainless steel

3. विशाल इंस्टॉलेशन मूर्तिकला और अंतरिक्ष का प्रयोग

भौतिकता और शून्यता के बीच संवाद

- कपूर ने अपने करियर में कई **विशालकाय इंस्टॉलेशन)Large-Scale Installations)** बनाए, जो किसी भी पारंपरिक मूर्तिकला से बहुत अलग थे।
- उनकी मूर्तियों में दर्शकों के लिए एक **इंटरैक्टिव अनुभव** होता है, जहाँ वे केवल कला को नहीं देखते, बल्कि उसमें प्रवेश करते हैं या उसके साथ संवाद करते हैं।
- उन्होंने कई कृतियों में) ताशून्य"Void)" की अवधारणा को मूर्त रूप दिया।

प्रमुख विशालकाय मूर्तियाँ और इंस्टॉलेशन्स

1. "Leviathan" (2011)

- यह 35 मीटर ऊँची और 72,000 क्यूबिक मीटर की एक विशालकाय **फुलावदार मूर्ति)Inflatable Sculpture)** थी।

- इसे पेरिस के ग्रैंड पैलेस)Grand Palais) में प्रदर्शित किया गया था।
- दर्शक इस मूर्ति के अंदर जा सकते थे और इसे एक **अंतरिक्ष के रूप में अनुभव** कर सकते थे।

Figure 65 Leviathan, Anish Kapoor, Stainless Steel

2. "Descent into Limbo" (1992)

- यह एक ऐसा इंस्टॉलेशन था, जिसमें **एक गहरा, काला छेद** बनाया गया था।
- यह छेद इतना गहरा प्रतीत होता था कि दर्शकों को उसमें गिरने का डर महसूस होता था।
- यह की अवधारणा को चुनौती देने वाला प्रयोग "शून्यता और अस्तित्व" था।

Figure 66 Descent into Limbo, Anish Kapoor, Concrete and pigment

3. "Marsyas" (2002)

- यह टेट मॉडर्न)Tate Modern) के टरबाइन हॉल में बनाई गई एक विशालकाय कृति थी।
- इसमें कपूर ने लाल रंग के विशाल झिल्लीदार कपड़े)PVC) का उपयोग किया, जिससे एक **जैविक और रहस्यमय संरचना** बनी।

Figure 67 Marsyas, Anish Kapoor, PVC

4. तकनीक और नए माध्यमों का प्रयोग

- कपूर ने परंपरागत सामग्रियों के अलावा **ऑप्टिकल इल्यूजन, अत्याधुनिक तकनीक और वैज्ञानिक प्रक्रियाओं** को भी अपनी कला में शामिल किया।
- उन्होंने **"Vantablack"** नामक दुनिया के सबसे काले रंग जो) 99.96% प्रकाश को अवशोषित करता हैके अधिकार प्राप्त किए और (इसे अपनी मूर्तियों में प्रयोग किया।
- वे अब डिजिटल और एआई आधारित-मूर्तियों पर भी काम कर रहे हैं।

अनीश कपूर ने समकालीन मूर्तिकला को एक **नए दृष्टिकोण, विशालता और अनुभव** से जोड़ दिया।

- उनका रंगों का प्रयोग **रहस्यमय और गहनता से भरा** होता है।
- उनकी दर्पणप्रभाव वाली मूर्तियाँ- **दर्शक और कला के बीच एक नया संवाद** स्थापित करती हैं।
- उनके विशाल इंस्टॉलेशन्स दर्शकों को एक **भावनात्मक और दार्शनिक यात्रा** पर ले जाते हैं।

आज वे दुनिया के सबसे सम्मानित समकालीन मूर्तिकारों में से एक हैं, और उनकी कृतियाँ **यथार्थ, कल्पना और ब्रह्मांड की अवधारणाओं** को चुनौती देती हैं।

अध्याय 4: मूर्तिकला में तकनीक और सामग्री का विकास

मूर्तिकला (Sculpture) न केवल एक कला रूप है, बल्कि यह विभिन्न तकनीकों, सामग्रियों और विचारों का अद्भुत मिश्रण भी है। समय के साथ, मूर्तिकला के रूप, माध्यम और निर्माण विधियाँ लगातार विकसित होती रही हैं। प्रारंभिक काल में पत्थर और धातु प्रमुख सामग्री थीं, लेकिन आधुनिक और समकालीन मूर्तिकारों ने प्लास्टिक, कांच, डिजिटल तकनीक और अन्य नवीन सामग्रियों का उपयोग करके इसे और विस्तृत बना दिया है।

इस अध्याय में, हम मूर्तिकला में प्रयुक्त विभिन्न **सामग्रियों और तकनीकों** का विस्तार से अध्ययन करेंगे, और यह देखेंगे कि कैसे इनसे मूर्तिकला की अभिव्यक्ति में बदलाव आया है।

1. पारंपरिक मूर्तिकला सामग्री

2. आधुनिक मूर्तिकला सामग्री

3. मूर्तिकला में तकनीक का विकास

पारंपरिक मूर्तिकला सामग्री

मूर्तिकला के इतिहास में विभिन्न संस्कृतियों और सभ्यताओं ने **विभिन्न सामग्रियों** का उपयोग करके अपने समय की कलात्मक अभिव्यक्ति को मूर्त रूप दिया है। पारंपरिक मूर्तिकला सामग्रियाँ वे हैं जो प्राचीन काल से लेकर आधुनिक युग तक मूर्तिकला निर्माण में प्रयोग होती रही हैं। ये सामग्रियाँ अपनी स्थायित्व, सौंदर्य और तकनीकी गुणों के कारण सदियों तक मूर्तिकारों की पसंद बनी रहीं। इस निबंध में, हम प्रमुख पारंपरिक मूर्तिकला सामग्रियों—पत्थर, लकड़ी, धातु, मिट्टी और हाथी दाँत—का विस्तार से अध्ययन करेंगे।

1. पत्थर (Stone)

पत्थर सबसे पुरानी मूर्तिकला सामग्री है, जिसका उपयोग प्राचीन काल से किया जाता रहा है। यह एक **टिकाऊ, मजबूत और प्राकृतिक सामग्री** है, जो बाहरी और भीतरी मूर्तियों के लिए उपयुक्त होती है।

प्रमुख प्रकार और उनका उपयोग

1. **संगमरमर (Marble)** –
    - सबसे अधिक प्रतिष्ठित पत्थर, जिसका उपयोग ग्रीक, रोमन और पुनर्जागरण मूर्तिकारों ने किया।
    - **विशेषता:** चमकदार सतह, नाजुक बारीकियाँ उकेरने की क्षमता।
    - **उदाहरण:** माइकल एंजेलो की "डेविड"।
2. **ग्रेनाइट (Granite)** –
    - कठोर और भारी पत्थर, जो जलवायु परिवर्तन के प्रति प्रतिरोधी होता है।
    - **विशेषता:** मोटी बनावट, कठिन कटाई, स्थायित्व।
    - **उदाहरण:** मिस्र के ओबिलिस्क और मंदिरों की मूर्तियाँ।
3. **बालू पत्थर (Sandstone)** –
    - भारत और मिस्र में प्राचीन मंदिर मूर्तिकला में प्रचलित।
    - **विशेषता:** अपेक्षाकृत नरम, लेकिन स्थायी।
    - **उदाहरण:** अजंता और एलोरा की मूर्तियाँ।
4. **चूना पत्थर (Limestone)** –
    - यह एक नरम पत्थर है, जिसे आसानी से तराशा जा सकता है।
    - **उदाहरण:** मध्यकालीन यूरोप में कैथेड्रल की मूर्तियाँ।

तकनीकी विशेषताएँ

- **हथौड़ा और छेनी** से पत्थर को काटकर मूर्तियाँ बनाई जाती हैं।
- सतह पर **पॉलिशिंग** से चमक और विवरण उकेरा जाता है।
- पत्थर की मूर्तियाँ हजारों वर्षों तक बनी रह सकती हैं।

2. लकड़ी (Wood)

लकड़ी एक प्राकृतिक, हल्की और आसानी से तराशी जाने वाली सामग्री है, जिसका उपयोग विश्वभर में पारंपरिक मूर्तियों के लिए किया जाता रहा है।

प्रमुख प्रकार और उनका उपयोग

1. **सागौन (Teakwood)** –
   - मजबूत, टिकाऊ और नमी प्रतिरोधी।
   - **उदाहरण:** भारतीय मंदिर मूर्तियाँ।
2. **महोगनी (Mahogany)** –
   - गहरे लाल-भूरे रंग की लकड़ी, जिसमें महीन नक्काशी संभव है।
   - **उदाहरण:** यूरोपीय चर्चों की धार्मिक मूर्तियाँ।
3. **ओक (Oak)** –
   - भारी और सख्त लकड़ी, जो यूरोप में मूर्तिकला के लिए लोकप्रिय रही।
   - **उदाहरण:** मध्ययुगीन गॉथिक चर्चों की मूर्तियाँ।
4. **चंदन (Sandalwood)** –
   - सुगंधित और मुलायम लकड़ी, जिसे जटिल नक्काशी के लिए उपयोग किया जाता है।
   - **उदाहरण:** दक्षिण भारत की देव मूर्तियाँ।

तकनीकी विशेषताएँ

- **चाकू, छेनी और हथौड़ा** से काटकर आकृति बनाई जाती है।
- लकड़ी पर **वार्निश और रंग** से संरक्षण दिया जाता है।
- लकड़ी की मूर्तियाँ हल्की और आसानी से ले जाई जा सकती हैं।

3. धातु (Metal)

धातु प्राचीन काल से ही मूर्तिकला निर्माण में प्रयोग की जाने वाली एक महत्वपूर्ण सामग्री रही है। विभिन्न धातुएँ अपनी मजबूती, चमक और लचीलापन के कारण मूर्तिकारों को भाते हैं।

प्रमुख प्रकार और उनका उपयोग

1. **कांस्य (Bronze)** –
    - तांबा और टिन का मिश्रण, जिसका उपयोग मूर्तिकला में व्यापक रूप से होता है।
    - **उदाहरण:** ग्रीक और रोमन कांस्य मूर्तियाँ।
2. **तांबा (Copper)** –
    - नरम और लचीला धातु, जो महीन नक्काशी के लिए उपयुक्त है।
    - **उदाहरण:** प्राचीन भारतीय और मिस्र की मूर्तियाँ।
3. **सोना और चाँदी (Gold & Silver)** –
    - इनका उपयोग धार्मिक और शाही मूर्तियों में किया जाता था।
    - **उदाहरण:** भारतीय मंदिरों की मूर्तियाँ।
4. **लौह (Iron)** –
    - अत्यंत मजबूत धातु, जो बड़ी मूर्तियों के लिए उपयोगी होती है।
    - **उदाहरण:** आधुनिक सार्वजनिक मूर्तियाँ।

तकनीकी विशेषताएँ

- **ढलाई (Casting)** – धातु को पिघलाकर साँचे में डालकर मूर्तियाँ बनाई जाती हैं।
- **नक्काशी और उत्कीर्णन (Engraving)** – सजावट के लिए उपयोग किया जाता है।

4. मिट्टी (Clay & Terracotta)

परिचय

मिट्टी मूर्तिकला की सबसे पुरानी सामग्रियों में से एक है, जो आसानी से उपलब्ध और आकार में ढाली जा सकती है।

प्रमुख प्रकार और उनका उपयोग

1. **टेराकोटा (Terracotta)** –
    - यह उबली और पकी हुई मिट्टी होती है।
    - **उदाहरण:** मोहनजोदड़ो की नर्तकी।
2. **कुम्हार मिट्टी (Earthen Clay)** –
    - यह नरम होती है और हाथ से आसानी से गढ़ी जा सकती है।
    - **उदाहरण:** भारतीय और अफ्रीकी लोक मूर्तियाँ।

तकनीकी विशेषताएँ

- हाथों से **गठान और सांचे** की मदद से मूर्तियाँ बनाई जाती हैं।
- **भट्टी में पकाने** से मजबूती आती है।
- मिट्टी की मूर्तियों को **रंग और वार्निश** से सजाया जाता है।

5. सिरेमिक (Ceramic)

सिरेमिक)Ceramic) मूर्तिकला कला की एक ऐसी विधा है, जिसमें मिट्टी, खनिज और अन्य जैविक तत्वों को उष्ण ताप)High Temperature) में पकाकर सुंदर और टिकाऊ मूर्तियाँ बनाई जाती हैं। यह कला प्राचीन काल से चली आ रही है और आज भी आधुनिक तकनीकों और प्रयोगों के कारण लोकप्रिय बनी हुई है। सिरेमिक मूर्तिकला का प्रयोग धार्मिक, सांस्कृतिक, सौंदर्यपरक और दैनिक उपयोग की वस्तुओं के निर्माण में किया जाता है।

तकनीकी विशेषताएँ

सिरेमिक मूर्तिकला विभिन्न चरणों में बनती है, जिसमें मुख्य रूप से निम्नलिखित प्रक्रियाएँ शामिल हैं:

1. **मिट्टी और अन्य तत्वों का चयन** – मूर्तिकला के लिए विभिन्न प्रकार की मिट्टी जैसे कि **टेराकोटा, पोर्सलीन और स्टोनवेयर** का उपयोग किया जाता है।

2. **मॉडलिंग (Modeling)** – मूर्तिकार अपने हाथों या औजारों की मदद से मिट्टी को आकार देता है।
3. **ड्राइंग और बिस्क फायरिंग (Bisque Firing)** – मूर्ति को सुखाने के बाद पहली बार लगभग 900-1000 डिग्री सेल्सियस पर पकाया जाता है।
4. **ग्लेज़िंग (Glazing)** – मूर्तिकला पर चमकदार परत चढ़ाने के लिए ग्लेज़िंग की जाती है।
5. **फाइनल फायरिंग (Final Firing)** – इसे उच्च तापमान पर दोबारा पकाया जाता है, जिससे मूर्ति मजबूत और टिकाऊ हो जाती है।

6. हाथी दाँत (Ivory)

हाथी दाँत का उपयोग मुख्य रूप से धार्मिक और शाही मूर्तियों के लिए किया जाता था।

तकनीकी विशेषताएँ

- **तेज धार वाले औजारों** से नक्काशी की जाती है।
- यह दुर्लभ और कीमती सामग्री रही है।
- संरक्षण और कानूनी प्रतिबंधों के कारण अब इसका उपयोग बहुत कम होता है।

पारंपरिक मूर्तिकला सामग्रियाँ विभिन्न सभ्यताओं की कलात्मक अभिव्यक्ति का प्रमुख आधार रही हैं। पत्थर, लकड़ी, धातु, मिट्टी और हाथी दाँत से बनी मूर्तियाँ न केवल सौंदर्य और तकनीकी उत्कृष्टता को दर्शाती हैं, बल्कि वे ऐतिहासिक और सांस्कृतिक धरोहर के रूप में भी संरक्षित हैं।

आधुनिक मूर्तिकला सामग्री

मूर्तिकला का विकास केवल विचारों और शैलीगत परिवर्तनों तक सीमित नहीं रहा, बल्कि इसमें प्रयुक्त सामग्रियों (Materials) ने भी महत्वपूर्ण

भूमिका निभाई है। परंपरागत रूप से पत्थर, धातु, लकड़ी और मिट्टी जैसी सामग्रियाँ मूर्तिकला के लिए प्रयुक्त होती थीं, लेकिन आधुनिक मूर्तिकला ने इन पारंपरिक सामग्रियों से आगे बढ़कर **कांस्य, स्टील, ग्लास, प्लास्टिक, फाइबरग्लास, डिजिटल माध्यम और मिश्रित सामग्री (Mixed Media)** को अपनाया।

20वीं और 21वीं सदी में मूर्तिकारों ने न केवल इन सामग्रियों का प्रयोग किया, बल्कि **रचनात्मकता, प्रौद्योगिकी और वैज्ञानिक नवाचारों** के साथ नए प्रयोग भी किए। इस निबंध में हम आधुनिक मूर्तिकला में प्रयुक्त प्रमुख सामग्रियों का अध्ययन करेंगे और यह समझने का प्रयास करेंगे कि इन सामग्रियों ने मूर्तिकला को कैसे नया स्वरूप दिया।

1. पारंपरिक से आधुनिक सामग्रियों की ओर परिवर्तन

प्रारंभिक मूर्तिकला में पत्थर, धातु और लकड़ी जैसे ठोस एवं स्थायी सामग्रियों का प्रयोग किया जाता था, क्योंकि ये टिकाऊ थीं और इन पर महीन नक्काशी संभव थी। लेकिन आधुनिक मूर्तिकारों ने नई तकनीकों और प्रयोगों के माध्यम से अधिक लचीली और नवीन सामग्रियों को अपनाया।

मुख्य कारण:

1. **औद्योगिक क्रांति** के बाद धातु और मिश्रित सामग्रियों की उपलब्धता बढ़ी।
2. **वैज्ञानिक नवाचारों** से प्लास्टिक, रेज़िन और फाइबरग्लास जैसी सामग्रियाँ विकसित हुईं।
3. **समकालीन कला** में पारंपरिक सीमाओं को तोड़ने और नए प्रयोग करने की प्रवृत्ति बढ़ी।
4. **स्थापना कला)Installation Art) और सार्वजनिक कला)Public Art)** में बड़े आकार की मूर्तियाँ बनने लगीं, जिससे हल्की और टिकाऊ सामग्रियों की आवश्यकता हुई।

2. आधुनिक मूर्तिकला में प्रयुक्त प्रमुख सामग्री

(1) कांस्य (Bronze) और धातु (Metal)

- अत्यधिक टिकाऊ, संक्षारणरोधी और विस्तृत नक्काशी की क्षमता।-
- पारंपरिक और आधुनिक दोनों मूर्तियों में प्रयोग होता है।
- पिघलाकर ढालने की तकनीक से मूर्तियों को किसी भी आकार में बनाया जा सकता है।

उदाहरण:

- **अगस्ते रोडिन)Auguste Rodin)** ने कांस्य में प्रसिद्ध मूर्तियाँ बनाई, जैसे *"The Thinker" (1880)।*
- **हेनरी मूर)Henry Moore)** ने कांस्य में अमूर्त आकृतियाँ विकसित कीं।
- **अनीश कपूर)Anish Kapoor)** ने स्टेनलेस स्टील का उपयोग कर *"Cloud Gate" (2004, शिकागो(* जैसी विशालकाय मूर्तियाँ बनाईं।

(2) स्टील (Steel) और एल्युमिनियम (Aluminium)

- हल्का और मजबूत होने के कारण बड़ी मूर्तियों के लिए उपयोगी।
- आधुनिक स्थापत्य कला)Architectural Sculpture) में महत्वपूर्ण भूमिका।
- संक्षारणरोधी और चमकदार सतह प्रदान करता है।-

उदाहरण:

- **रिचर्ड सेरा)Richard Serra)** ने विशाल स्टील प्लेटों से बनी मूर्तियाँ तैयार कीं।
- **अलेक्जेंडर काल्डर)Alexander Calder)** ने स्टील से मूर्तियों और मोबाइल आर्ट)Mobile Art) तैयार किया।

(3) ग्लास (Glass)

- पारदर्शिता और प्रकाश के साथ विभिन्न प्रभाव उत्पन्न करने की क्षमता।
- समकालीन मूर्तियों में अद्वितीय दृश्य प्रभाव देने के लिए उपयोग।
- ऊष्मा और संपीड़न से विभिन्न आकृतियाँ बनाई जा सकती हैं।

उदाहरण:

- **डेल चिहुली)Dale Chihuly)** ने रंगीन कांच की विशाल मूर्तियाँ बनाईं।
- सार्वजनिक और स्थापत्य कला में ग्लास मूर्तियों का प्रयोग बढ़ा।

(4) फाइबरग्लास (Fiberglass) और प्लास्टिक (Plastic)

- हल्का, टिकाऊ और किसी भी आकार में ढाला जा सकता है।
- रंगों और बनावट के साथ अनंत संभावनाएँ।
- समकालीन मूर्तियों में अधिक प्रयोग होने वाली सामग्री।

उदाहरण:

- **जेफ कून्स)Jeff Koons)** ने चमकदार, रंगीन और पॉप आर्ट मूर्तियाँ बनाने में फाइबरग्लास का प्रयोग किया।
- थीम पार्क और सार्वजनिक कला में इनका उपयोग बढ़ा।

(5) कंक्रीट (Concrete)

- बाहरी स्थापनाओं और विशाल मूर्तियों के लिए उपयुक्त।
- आधुनिक स्थापत्य कला के साथ मूर्तिकला में प्रयुक्त।
- सस्ता और मजबूत होने के कारण बड़े पैमाने पर उपयोग किया जाता है।

उदाहरण:

- **ब्रूटलिस्ट आर्ट)Brutalist Art)** मूवमेंट में कंक्रीट मूर्तियों का बड़ा योगदान।
- सार्वजनिक स्थानों और पार्कों में बड़ी मूर्तियों के लिए प्रयोग।

(6) डिजिटल और नई मीडिया सामग्री

- 3D प्रिंटिंग, डिजिटल इंस्टॉलेशन और संवर्धित वास्तविकता)Augmented Reality) के साथ प्रयोग।

- आधुनिक मूर्तिकला में इंटरएक्टिव तत्वों का समावेश।
- कृत्रिम बुद्धिमत्ता और कंप्यूटर जनित डिजाइनों के साथ नई संभावनाएँ।

उदाहरण:

- **एंथनी गॉम्ले)Antony Gormley)** ने डिजिटल तकनीकों का उपयोग कर मूर्तियाँ बनाईं।
- **डिजिटल फैब्रिकेशन)Digital Fabrication)** के जरिए 3D प्रिंटिंग से मूर्तियों का निर्माण।

3. समकालीन मूर्तिकला में सामग्री का महत्व

1. **पारंपरिक कला से आगे बढ़कर नवाचार** – आधुनिक सामग्रियों के कारण मूर्तिकला केवल पत्थर और धातु तक सीमित नहीं रही।
2. **प्रभावशाली दृश्य प्रभाव** – पारदर्शी ग्लास, चमकदार धातु और डिजिटल इफेक्ट्स के कारण समकालीन मूर्तियाँ अधिक आकर्षक बन गईं।
3. **बड़े आकार की मूर्तियों की संभावना** – हल्की सामग्रियों जैसे फाइबरग्लास, एल्युमिनियम और प्लास्टिक के कारण बड़ी मूर्तियों का निर्माण आसान हुआ।
4. **सार्वजनिक कला और इंटरेक्टिव मूर्तियाँ** – आधुनिक सामग्री ने मूर्तिकला को सार्वजनिक स्थानों और डिजिटल मीडिया के साथ जोड़ने में मदद की।
5. **पर्यावरण के अनुकूल सामग्री का उपयोग** – आधुनिक मूर्तिकार पुनर्नवीनीकरण सामग्री)Recycled Materials) का उपयोग कर टिकाऊ कला का निर्माण कर रहे हैं।

आधुनिक मूर्तिकला में प्रयुक्त सामग्री केवल तकनीकी विकास का परिणाम नहीं है, बल्कि यह कला की बदलती धारणा को भी दर्शाती है। धातु, फाइबरग्लास, प्लास्टिक, कंक्रीट, ग्लास और डिजिटल मीडिया जैसी सामग्रियों ने मूर्तिकला को एक नई दिशा दी है, जिसमें कला केवल दृश्य सौंदर्य तक सीमित नहीं रही, बल्कि समाज, प्रौद्योगिकी और नवाचार से जुड़ गई। आधुनिक मूर्तिकला अब प्रयोगधर्मी, संवादात्मक और बहुआयामी हो गई है, जिसमें असीम संभावनाएँ निहित हैं।

मूर्तिकला में तकनीक का विकास

मूर्तिकला मानव अभिव्यक्ति का एक प्राचीन और प्रभावशाली रूप है, जिसमें समय के साथ-साथ तकनीकी और सामग्री में कई बदलाव आए हैं। प्रारंभिक काल में कलाकार हाथ से पत्थर तराशकर मूर्तियाँ बनाते थे, लेकिन औद्योगिक क्रांति और आधुनिक तकनीकों के विकास के साथ, मूर्तिकला में नए माध्यम, उपकरण और डिजिटल तकनीकें शामिल हो गईं। आज, मूर्तिकला पारंपरिक विधियों के साथ-साथ **थ्री-डी प्रिंटिंग, रोबोटिक कार्विंग, और डिजिटल मॉडलिंग** जैसी अत्याधुनिक तकनीकों का भी उपयोग कर रही है।

इस निबंध में हम मूर्तिकला में तकनीकी विकास के विभिन्न चरणों, आधुनिक तकनीकों के प्रभाव, और भविष्य की संभावनाओं का विस्तार से अध्ययन करेंगे।

1. पारंपरिक तकनीकें और उनका विकास

प्राचीन काल से लेकर आधुनिक युग तक, मूर्तिकला की तकनीकें धीरे-धीरे विकसित हुईं। पारंपरिक रूप से, मूर्तिकार निम्नलिखित तकनीकों का उपयोग करते रहे हैं—

क. प्रत्यक्ष तराशने (Direct Carving) की तकनीक

- यह सबसे पुरानी तकनीक है जिसमें कलाकार **पत्थर, लकड़ी, या हड्डी** को सीधे तराशकर मूर्ति बनाते थे।
- इस तकनीक में त्रुटियों को सुधारना कठिन होता था, इसलिए मूर्तिकारों को बहुत सावधानीपूर्वक काम करना पड़ता था।
- **उदाहरण** – मिस्र, ग्रीस और भारत की प्राचीन मूर्तियाँ प्रत्यक्ष तराशने की उत्कृष्ट उदाहरण हैं।

ख. साँचा ढलाई (Casting) तकनीक

- इस विधि में कलाकार पहले मिट्टी, मोम या प्लास्टर का एक मॉडल बनाते हैं, फिर इसे धातु से ढालकर अंतिम मूर्ति तैयार की (जैसे कांस्य) जाती है।
- यह तकनीक पहली बार **मेसोपोटामिया और मिस्र** में विकसित हुई और बाद में ग्रीस और रोमनों ने इसे व्यापक रूप से अपनाया।
- **उदाहरण – अगस्ते रोडिन)Auguste Rodin)** की कांस्य मूर्तियाँ इस तकनीक का बेहतरीन नमूना हैं।

ग. खोई हुई मोम विधि (Lost-Wax Casting)

- यह प्राचीन तकनीक है जिसमें मूर्ति का मोम मॉडल बनाया जाता है, फिर उस पर मिट्टी की परत चढ़ाई जाती है और गर्म करने पर मोम निकल जाता है, जिससे अंदर एक खोखली आकृति बनती है, जिसे धातु से भरा जाता है।
- यह विधि आज भी उपयोग में लाई जाती है।
- **उदाहरण** – भारत में **चित्तौड़गढ़ के कच्छपघात काल की कांस्य मूर्तियाँ** इसी तकनीक से बनी थीं।

2. औद्योगिक क्रांति और मूर्तिकला में परिवर्तन

क. मशीनों और औजारों का प्रयोग

- **औद्योगिक क्रांति)18वीं-19वीं शताब्दी(** के दौरान, मूर्तिकारों को बेहतर उपकरण और मशीनें उपलब्ध होने लगीं।
- **इलेक्ट्रिक ड्रिल, कटर और पोलिशिंग मशीनें** आने से मूर्तिकला की प्रक्रिया तेज़ और अधिक परिष्कृत हो गई।

ख. धातु और नई सामग्रियों का प्रयोग

- औद्योगिक युग में **लोहे, इस्पात, कंक्रीट, और एल्युमीनियम** जैसी नई सामग्रियों को मूर्तिकला में अपनाया जाने लगा।
- इससे **बड़ी और अधिक टिकाऊ** मूर्तियाँ बनने लगीं।
- **उदाहरण – अलेक्ज़ेंडर काल्डर)Alexander Calder)** ने इस्पात और धातु से गतिशील मूर्तियाँ)Mobiles) बनाईं।

ग. फोटोग्राफी और मॉडलिंग तकनीक

- 19वीं शताब्दी में फोटोग्राफी ने मूर्तिकारों को बेहतर संदर्भ प्रदान किए।
- कलाकार अब **सटीक मॉडलिंग** कर सकते थे, जिससे मूर्तियाँ अधिक यथार्थवादी बन गईं।
- **उदाहरण – अल्बर्टो जियाकोमेत्ती)Alberto Giacometti)** की पतली, लंबी मूर्तियाँ जो वास्तविकता और कल्पना का मिश्रण थीं।

3. 20वीं और 21वीं शताब्दी की आधुनिक तकनीकें

क. कंसेप्चुअल आर्ट और इंस्टॉलेशन मूर्तिकला

- 20वीं शताब्दी के मध्य में, मूर्तिकला केवल ठोस वस्तुओं तक सीमित नहीं रही, बल्कि इसमें **प्रकाश, ध्वनि, और पर्यावरणीय तत्व** शामिल होने लगे।
- कलाकारों ने पारंपरिक सामग्रियों की जगह **कांच, प्लास्टिक, और मिश्रित मीडिया** का उपयोग किया।
- **उदाहरण – अनीश कपूर)Anish Kapoor)** की प्रतिष्ठित "Cloud Gate" (शिकागोजो आधुनिक स्टील तकनीक का प्रयोग कर बनाई (गई है।

ख. डिजिटल तकनीक और 3D प्रिंटिंग

- कंप्यूटर) आधारित डिज़ाइनिंग-CAD) और **3D प्रिंटिंग** ने मूर्तिकला की प्रक्रिया को पूरी तरह बदल दिया है।
- अब कलाकार डिजिटल रूप से अपनी मूर्तियों का मॉडल बना सकते हैं और 3D प्रिंटर के माध्यम से उन्हें सटीक रूप से तैयार कर सकते हैं।
- **उदाहरण – जेफ कून्स)Jeff Koons)** की "Balloon Dog" मूर्तियाँ, जो डिजिटली डिजाइन की जाती हैं और धातु में ढाली जाती हैं।

ग. रोबोटिक कार्विंग और लेज़र तकनीक

- आधुनिक मूर्तिकार अब **रोबोटिक हाथों और लेज़र कटिंग मशीनों** का उपयोग करते हैं, जिससे वे जटिल डिज़ाइन को अधिक सटीकता से बना सकते हैं।
- यह तकनीक विशेष रूप से **पत्थर और लकड़ी** की मूर्तियों में उपयोगी होती है।

घ. वर्चुअल रियलिटी (VR) और ऑगमेंटेड रियलिटी (AR)

- आज मूर्तिकार **वर्चुअल रियलिटी** तकनीकों का उपयोग करके अपनी मूर्तियों को पहले डिजिटल रूप में देख सकते हैं, जिससे उन्हें अंतिम रूप देने में आसानी होती है।
- **उदाहरण** – कई समकालीन कलाकार AR तकनीक का उपयोग कर **डिजिटल मूर्तियों** को सार्वजनिक स्थानों में प्रदर्शित कर रहे हैं।

4. भविष्य में मूर्तिकला की तकनीकें

मूर्तिकला की तकनीक लगातार विकसित हो रही है, और भविष्य में हम कई नई संभावनाएँ देख सकते हैं—

- **बायोमटेरियल्स-** – जैविक तत्वों और पुनर्नवीनीकरण सामग्रियों का बढ़ता उपयोग।
- **इंटरैक्टिव मूर्तियाँ** – संवेदनशील सतहों और डिजिटल डिस्प्ले वाली मूर्तियाँ।
- **आर्टिफिशियल इंटेलिजेंस)AI) आधारित मूर्तिकला** – AI से प्रेरित डिजाइन और स्वायत्त मूर्तिकला निर्माण।
- **स्पेस आर्ट** – चंद्रमा और मंगल पर मूर्तियों की स्थापना की संभावनाएँ।

मूर्तिकला में तकनीकी विकास ने कला की संभावनाओं को असीमित कर दिया है। पारंपरिक तकनीकों से लेकर **3D प्रिंटिंग और AI आधारित मूर्तिकला** तक, हर युग ने मूर्तिकला को एक नई दिशा दी है। आधुनिक युग में डिजिटल तकनीकों ने इस कला को और अधिक सुलभ, जटिल और अभिनव बना दिया है। भविष्य में, तकनीक के बढ़ते प्रभाव से मूर्तिकला के नए आयाम खुलेंगे, जिससे यह कला रूप अधिक **सहभागी, इंटरैक्टिव और टिकाऊ** बन सकेगा।

अध्याय 5: समकालीन मूर्तिकला और सार्वजनिक कला

20वीं शताब्दी के अंत और 21वीं शताब्दी की शुरुआत में मूर्तिकला की परिभाषा और उसकी भूमिका में अभूतपूर्व बदलाव आया। पारंपरिक मूर्तिकला, जिसे मुख्य रूप से स्टूडियो में बनाया जाता था और दीर्घाओं (गैलरी) या निजी संग्रहों में प्रदर्शित किया जाता था, अब सार्वजनिक स्थानों, शहरी संरचनाओं, प्राकृतिक स्थलों और डिजिटल प्लेटफॉर्म तक फैल गई है।

समकालीन मूर्तिकला केवल आकार और संरचना तक सीमित नहीं है, बल्कि यह विचारों, समाज, पर्यावरण और दर्शकों की भागीदारी को भी केंद्र में रखती है। इस खंड में हम **इंस्टॉलेशन आर्ट, इंटरएक्टिव मूर्तिकला, सार्वजनिक कला (Public Art), पर्यावरणीय मूर्तिकला और स्थिरता (Sustainability)** के संदर्भ में समकालीन मूर्तिकला के स्वरूप का विश्लेषण करेंगे।

1. इंस्टॉलेशन आर्ट और इंटरएक्टिव मूर्तिकला

2. मूर्तिकला और शहरी परिदृश्य) Public Art)

3. पर्यावरणीय मूर्तिकला और स्थिरता) Environmental Sculpture & Sustainability)

इंस्टॉलेशन आर्ट और इंटरएक्टिव मूर्तिकला

20वीं शताब्दी के उत्तरार्ध में मूर्तिकला की पारंपरिक परिभाषा बदलने लगी। मूर्तिकला अब केवल एक ठोस, स्थिर और पारंपरिक माध्यम तक सीमित नहीं रही, बल्कि यह एक संपूर्ण अनुभव बनने लगी। इस परिवर्तन से **इंस्टॉलेशन आर्ट (Installation Art) और इंटरएक्टिव मूर्तिकला (Interactive Sculpture)** का जन्म हुआ।

यह नई कला धारा केवल दर्शकों को कला देखने तक सीमित नहीं रखती, बल्कि उन्हें इसके साथ संवाद और सहभागिता करने के लिए प्रेरित करती है। इंस्टॉलेशन आर्ट और इंटरएक्टिव मूर्तिकला ने कला को संग्रहालयों

और दीर्घाओं से निकालकर सार्वजनिक स्थानों, डिजिटल माध्यमों और सामुदायिक अनुभवों तक विस्तारित कर दिया।

इस निबंध में हम इंस्टॉलेशन आर्ट और इंटरएक्टिव मूर्तिकला की अवधारणा, उनके ऐतिहासिक विकास, विशेषताएँ, तकनीकें, प्रमुख कलाकार और उनकी कृतियों का विश्लेषण करेंगे।

1. इंस्टॉलेशन आर्ट: अवधारणा और विकास

इंस्टॉलेशन आर्ट क्या है?

इंस्टॉलेशन आर्ट एक प्रकार की कला है जिसमें कलाकार किसी विशेष स्थान या वातावरण को ध्यान में रखते हुए विभिन्न वस्तुओं, सामग्रियों और मीडिया का उपयोग करके एक **थ्री-डायमेंशनल कलात्मक अनुभव** तैयार करता है। यह पारंपरिक मूर्तिकला से अलग होती है क्योंकि इसमें स्थिरता नहीं होती, बल्कि यह किसी विशेष समय और स्थान के लिए बनाई जाती है।

इतिहास और विकास

इंस्टॉलेशन आर्ट की जड़ें 20वीं शताब्दी की शुरुआत में **दादावाद (Dadaism) और सर्रियलिज्म (Surrealism)** में मिलती हैं, जब कलाकारों ने पारंपरिक मूर्तिकला की सीमाओं को तोड़कर कला को एक अनुभव के रूप में प्रस्तुत करना शुरू किया।

- **1960 और 1970 के दशक** – इंस्टॉलेशन आर्ट को समकालीन कला आंदोलन जैसे **मिनिमलिज़्म)Minimalism), कंसेप्चुअल आर्ट)Conceptual Art)** और **परफॉर्मेंस आर्ट)Performance Art)** के प्रभाव से अधिक मान्यता मिली।
- **1980 और 1990 के दशक** – इस दौर में कलाकारों ने वीडियो, ध्वनि, प्रकाश और डिजिटल तकनीकों को इंस्टॉलेशन आर्ट में शामिल करना शुरू किया।
- **21वीं शताब्दी** – आधुनिक तकनीक, आभासी वास्तविकता)Virtual Reality) और संवर्धित वास्तविकता)Augmented Reality) ने

इंस्टॉलेशन आर्ट को और भी अधिक संवादात्मक और जीवंत बना दिया।

इंस्टॉलेशन आर्ट की विशेषताएँ

1. **साइटकला (विशेष-स्थान) स्पेसिफिक-** – इसे किसी विशेष स्थान के अनुरूप तैयार किया जाता है।
2. **मल्टीमीडिया और मिश्रित सामग्री-** – कलाकार विभिन्न वस्तुओं जैसे लकड़ी, धातु, काँच, वीडियो, ध्वनि और डिजिटल प्रोजेक्शन का उपयोग करते हैं।
3. **दर्शकों की सहभागिता** – यह केवल देखने के लिए नहीं होती, बल्कि इसमें दर्शक भी शामिल होते हैं।
4. **अस्थायी या स्थायी** – कुछ इंस्टॉलेशन अस्थायी होते हैं, जबकि कुछ को स्थायी रूप से संरक्षित किया जाता है।

प्रमुख इंस्टॉलेशन आर्टिस्ट और उनकी कृतियाँ

1. योसेफ बॉइस)Joseph Beuys)

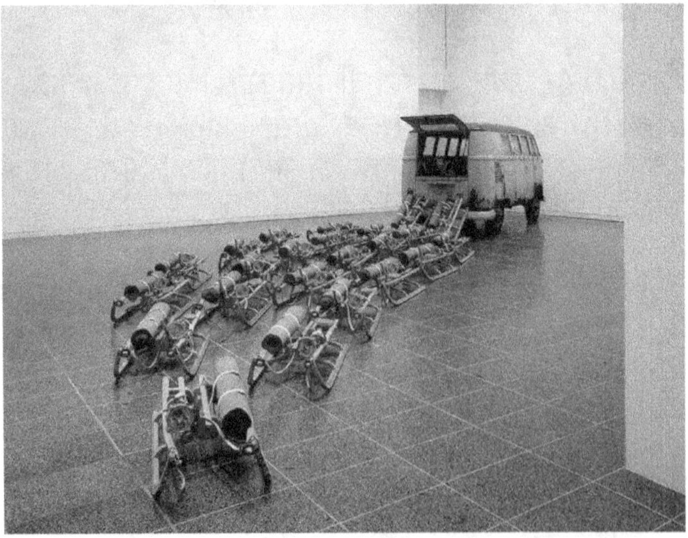

Figure 68 The Pack, Joseph Beuys, Volkswagen bus made in 1961, 24 sleighs, each equiped with fat, felt blankets, belts, and torchlight

- जर्मन कलाकार जिन्होंने इंस्टॉलेशन आर्ट को सामाजिक और राजनीतिक विचारों से जोड़ा।
- **प्रमुख कृति" :The Pack" (1969)** – 24 लकड़ी की स्लेज)sledges) जो एक कार से जुड़े हुए थे, यह कला युद्ध और शरणार्थी संकट पर आधारित थी।

2. लुईस बुर्जुआ)Louise Bourgeois)

- उनकी कला में **नारीवाद, स्मृतियाँ और मनोवैज्ञानिक विषय** प्रमुख थे।
- **प्रमुख कृति" :Maman" (1999)** – यह एक विशाल मकड़ी की मूर्ति थी, जो माँ और स्त्रीत्व का प्रतीक थी(।Figure 54)

3. अनीश कपूर)Anish Kapoor)

- भारतीय मूल के ब्रिटिश कलाकार, जो परावर्तक सतहों और अमूर्त रूपों के लिए प्रसिद्ध हैं।
- **प्रमुख कृति" :Cloud Gate" (2006)** – शिकागो में स्थित यह मूर्तिकला, जिसे "The Bean" के नाम से जाना जाता है, दर्शकों को अपने प्रतिबिंबों से बातचीत करने का अवसर देती है।(Figure 63)

2. इंटरएक्टिव मूर्तिकला: अवधारणा और विकास

इंटरएक्टिव मूर्तिकला क्या है?

इंटरएक्टिव मूर्तिकला ऐसी कलाकृतियाँ होती हैं जो दर्शकों की **सक्रिय भागीदारी** की मांग करती हैं। यह मूर्तियाँ केवल देखने के लिए नहीं होतीं, बल्कि उनके साथ दर्शकों का **स्पर्श, गति, ध्वनि, और डिजिटल तकनीकों** के माध्यम से संवाद संभव होता है।

इतिहास और विकास

इंटरएक्टिव मूर्तिकला का विकास 20वीं शताब्दी में हुआ, लेकिन यह 21वीं शताब्दी में डिजिटल और प्रौद्योगिकी के आगमन से और भी अधिक प्रभावशाली हो गई।

- **1960 और 1970 के दशक** – कंसेप्चुअल आर्ट और परफॉर्मेंस आर्ट के प्रभाव से इंटरएक्टिव मूर्तिकला उभरने लगी।
- **1980 और 1990 के दशक** – इलेक्ट्रॉनिक्स और कंप्यूटर तकनीकों को मूर्तिकला में सम्मिलित किया गया।
- **21वीं शताब्दी** – डिजिटल सेंसर, आर्टिफिशियल इंटेलिजेंस और वर्चुअल रियलिटी के कारण इंटरएक्टिव मूर्तिकला अधिक उन्नत हो गई।

इंटरएक्टिव मूर्तिकला की विशेषताएँ

1. **दर्शकों की सहभागिता आवश्यक होती है।**
2. **इलेक्ट्रॉनिक्स, सेंसर, और डिजिटल तत्वों का उपयोग।**
3. **स्पर्श, गति, प्रकाश और ध्वनि के साथ संवाद।**
4. **अस्थायी और लगातार बदलने वाली कला।**

प्रमुख इंटरएक्टिव मूर्तिकार और उनकी कृतियाँ

1. राफेल लोज़ानो) हेमर-Rafael Lozano-Hemmer)

- इंटरएक्टिव इंस्टॉलेशन और मूर्तिकला के लिए प्रसिद्ध।
- **प्रमुख कृति" :Pulse Room"** – एक ऐसा कमरा जिसमें दर्शकों की हृदय गति के अनुसार लाइट्स जलतीबुझती थीं।-

2. जेनेट एखेलमैन)Janet Echelman)

- सार्वजनिक स्थानों के लिए विशाल, रंगीन और हल्की मूर्तियों का निर्माण करती हैं।
- **प्रमुख कृति" :1.8"** – यह एक विशाल रंगीन जाल था, जो हवा के साथ गतिशील रूप से हिलता था।

Figure 69 Pulse Room, Rafael Lozano-Hemmer, Incandescent light bulbs, voltage controllers, heart rate sensors, computer and metal sculpture

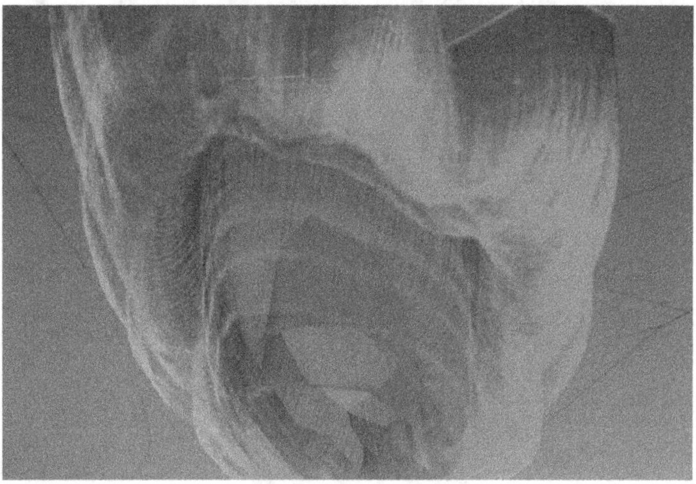

Figure 70 1.8, Janet Echelman, knotted and braided fiber with programmable lighting and wind movement above printed textile flooring

3. टिम हॉकिन्सन)Tim Hawkinson)

- पुनर्चक्रित सामग्री और मैकेनिकल मूर्तियों के लिए प्रसिद्ध।
- **प्रमुख कृति" :Überorgan"** – एक विशाल इंटरएक्टिव मूर्तिकला जो ध्वनि उत्पन्न करती थी।

Figure 71 Überorgan (2000), Tim Hawkinson, installed at MASS MoCA, North Adams

इंस्टॉलेशन आर्ट और इंटरएक्टिव मूर्तिकला ने 20वीं और 21वीं शताब्दी में कला के दायरे को व्यापक कर दिया।

- इंस्टॉलेशन आर्ट ने **स्थान, सामग्री और अनुभव** को कला का केंद्र बनाया।
- इंटरएक्टिव मूर्तिकला ने **दर्शकों की सहभागिता** को प्रमुख बना दिया।

आज, तकनीक और डिजिटल नवाचारों के साथ, यह दोनों कला विधाएँ भविष्य में और अधिक विकसित होंगी और कला को एक नया रूप देंगी।

मूर्तिकला और शहरी परिदृश्य (Public Art)

शहरों की वास्तुकला, उनकी ऐतिहासिक और सांस्कृतिक पहचान में **मूर्तिकला** का महत्वपूर्ण योगदान रहा है। जब मूर्तिकला सार्वजनिक स्थानों का हिस्सा बनती है, तो इसे **"पब्लिक आर्ट" (Public Art)** कहा जाता है। यह कला रूप केवल सौंदर्य बढ़ाने का साधन नहीं, बल्कि लोगों को जोड़ने, विचारों को अभिव्यक्त करने और समाज के महत्वपूर्ण मुद्दों पर संवाद स्थापित करने का माध्यम भी है।

मूर्तिकला और शहरी परिदृश्य का संबंध न केवल कला और स्थापत्य से है, बल्कि यह सामाजिक, सांस्कृतिक और राजनीतिक संदर्भों को भी प्रभावित करता है। इस निबंध में, हम **पब्लिक आर्ट के महत्व, इतिहास, आधुनिक मूर्तिकला में इसकी भूमिका, प्रमुख मूर्तिकारों और समकालीन शहरी मूर्तिकला** पर विस्तृत चर्चा करेंगे।

1. सार्वजनिक मूर्तिकला (Public Sculpture) का महत्व

शहरों और सार्वजनिक स्थलों में मूर्तिकला का उद्देश्य केवल सजावट नहीं होता, बल्कि यह एक **सांस्कृतिक प्रतीक** भी होती है। इसके मुख्य उद्देश्य निम्नलिखित हैं:

- **सांस्कृतिक पहचान** – मूर्तियाँ किसी स्थान की संस्कृति, इतिहास और धरोहर को दर्शाती हैं।
- **सामाजिक संवाद** – पब्लिक आर्ट सामाजिक और राजनीतिक मुद्दों को उजागर करने का माध्यम बनती है।
- **सौंदर्य वृद्धि** – यह सार्वजनिक स्थलों को आकर्षक और प्रेरणादायक बनाती है।
- **पर्यटन आकर्षण** – प्रसिद्ध मूर्तियाँ और सार्वजनिक कला कृतियाँ पर्यटकों को आकर्षित करती हैं।
- **सामुदायिक सहभागिता** – कई सार्वजनिक मूर्तियाँ स्थानीय समुदाय की भागीदारी से बनाई जाती हैं।

2. पब्लिक आर्ट का ऐतिहासिक विकास

प्राचीन काल

- मिस्र, ग्रीस और रोम की सभ्यताओं में मूर्तियाँ सार्वजनिक स्थलों का प्रमुख हिस्सा थीं।
- मिस्र की **स्फिंक्स)Sphinx)**, ग्रीस की **एथेना की प्रतिमा** और रोम की **सम्राटों की विशाल मूर्तियाँ** इसका प्रमाण हैं।

मध्यकाल और पुनर्जागरण काल

- यूरोप में चर्चों, महलों और सार्वजनिक चौकों में मूर्तियों को स्थापित किया गया।
- **माइकल एंजेलो** और **डोनाटेलो** जैसे कलाकारों ने सार्वजनिक कला को एक नई दिशा दी।

आधुनिक युग (19वीं और 20वीं शताब्दी)

- औद्योगिक क्रांति के बाद मूर्तिकला में **नए सामग्री लोहा), इस्पात, कंक्रीटऔर तकनीकों (** का समावेश हुआ।
- आधुनिक मूर्तिकला में पारंपरिक विषयों के बजाय **सामाजिक और राजनीतिक मुद्दों** को शामिल किया गया।
- **औगस्त रोधां)Auguste Rodin)** की "The Thinker" और **हेनरी मूर)Henry Moore)** की अमूर्त मूर्तियाँ सार्वजनिक स्थलों पर लोकप्रिय हुईं।

समकालीन युग (21वीं शताब्दी)

- समकालीन सार्वजनिक मूर्तिकला में **इंटरैक्टिव आर्ट, डिजिटल आर्ट और इंस्टॉलेशन आर्ट** का समावेश हुआ।
- पब्लिक आर्ट अब केवल स्थैतिक मूर्तियों तक सीमित नहीं रही, बल्कि **गतिशील, डिजिटल और मल्टीमीडिया** के रूप में विकसित हो रही है।

3. आधुनिक मूर्तिकला और शहरी परिदृश्य

1. अमूर्त मूर्तिकला (Abstract Sculpture)

- 20वीं शताब्दी में **अमूर्तता** (Abstraction) सार्वजनिक कला का एक प्रमुख रूप बन गई।
- **हेनरी मूर)Henry Moore)** और **कॉनस्टेंटिन ब्रांकुसी)Constantin Brâncuși)** की मूर्तियाँ सार्वजनिक स्थलों की प्रमुख पहचान बनीं।

उदाहरण

- **"The Bird in Space" (Brâncuși)** – हवा में उड़ने की भावना को व्यक्त करने वाली एक प्रसिद्ध अमूर्त मूर्ति।
- **"Reclining Figure" (Henry Moore)** – मानव आकृतियों को सरल, तरल और प्राकृतिक रूप में प्रस्तुत करने वाली मूर्तियाँ।

2. स्थापत्य मूर्तिकला (Architectural Sculpture)

- शहरी भवनों, पुलों और सार्वजनिक स्थलों में मूर्तियों को स्थापत्य का हिस्सा बनाया गया।
- **गगनचुंबी इमारतों के साथ एकीकृत मूर्तियाँ और डिज़ाइनर इन्फ्रास्ट्रक्चर** इस श्रेणी में आते हैं।

उदाहरण

- **"Cloud Gate" (Anish Kapoor, शिकागो(** – इसे "The Bean" भी कहा जाता है। यह एक विशाल स्टील मूर्ति है जो शहरी परिदृश्य को प्रतिबिंबित करती है।
- **"Maman" (Louise Bourgeois)** – एक विशाल मकड़ी की मूर्ति जो मातृत्व और रहस्यवाद का प्रतीक है।

3. इंटरेक्टिव और डिजिटल मूर्तिकला

- आज की सार्वजनिक कला में **प्रकाश, ध्वनि और डिजिटल तकनीक** का समावेश हो रहा है।
- मूर्तियाँ अब **पर्यावरण और दर्शकों के साथ संवाद** कर सकती हैं।

उदाहरण

- **"The Bay Lights" (Leo Villareal, सैन फ्रांसिस्को(** – एक पुल पर इंटरैक्टिव रोशनी की कला।

Figure 72 The Bay Lights, Leo Villareal

- **"Rain Room" (Random International)** – एक डिजिटल इंस्टॉलेशन जिसमें लोग बिना भीगे बारिश में चल सकते हैं।

Figure 73 Rain Room, Random International

4. प्रमुख समकालीन मूर्तिकार और उनकी सार्वजनिक कला

1. अनीश कपूर (Anish Kapoor)

- आधुनिक सार्वजनिक कला में उनके योगदान को महत्वपूर्ण माना जाता है।
- उनकी मूर्तियाँ **दृश्य प्रभाव और भौतिकी** पर केंद्रित होती हैं।

प्रमुख कृति

- **"Cloud Gate" (शिकागो(** – यह विशाल स्टील की मूर्ति पर्यावरण और दर्शकों को प्रतिबिंबित करती है।(Figure 63)

2. जेफ कून्स (Jeff Koons)

- पॉप आर्ट और व्यावसायिकता का मिश्रण उनकी कला की विशेषता है।

प्रमुख कृति

- **"Balloon Dog"** – यह एक रंगीन, धातु से बनी कुत्ते के गुब्बारे जैसी मूर्ति है।(Figure 57)

3. लुईस बुर्जुआ (Louise Bourgeois)

- उनकी मूर्तियाँ मनोवैज्ञानिक और प्रतीकात्मक अर्थ रखती हैं।

प्रमुख कृति

- **"Maman"** – यह एक विशाल मकड़ी की मूर्ति है, जो मातृत्व और सुरक्षा का प्रतीक मानी जाती है।(Figure 54)

मूर्तिकला और शहरी परिदृश्य का संबंध केवल सौंदर्य तक सीमित नहीं है, बल्कि यह **सांस्कृतिक, सामाजिक और तकनीकी विकास** को भी दर्शाता है।

- प्राचीन समय से लेकर आधुनिक युग तक **सार्वजनिक कला शहरों की पहचान** रही है।

- आधुनिक मूर्तिकला **परंपरागत सीमाओं से परे जाकर डिजिटल, इंटरेक्टिव और स्थापत्य कला** का हिस्सा बन रही है।
- मूर्तिकला न केवल **शहरों की शोभा बढ़ाती है**, बल्कि यह **सामाजिक संवाद, सांस्कृतिक स्मृति और पर्यावरणीय स्थिरता** का भी महत्वपूर्ण माध्यम है।

इसलिए, सार्वजनिक मूर्तिकला (Public Art) भविष्य में भी शहरी जीवन के लिए एक आवश्यक कला रूप बनी रहेगी।

पर्यावरणीय मूर्तिकला और स्थिरता

(Environmental Sculpture & Sustainability)

पर्यावरणीय मूर्तिकला (Environmental Sculpture) एक समकालीन कला रूप है, जो प्रकृति और मानव निर्मित संरचनाओं के बीच सामंजस्य स्थापित करने का प्रयास करती है। यह मूर्तिकला न केवल सौंदर्यबोध को ध्यान में रखती है, बल्कि **पर्यावरणीय जागरूकता, स्थिरता (Sustainability) और पारिस्थितिकी तंत्र (Ecosystem)** के प्रति संवेदनशीलता भी प्रदर्शित करती है।

यह निबंध पर्यावरणीय मूर्तिकला की अवधारणा, इसके ऐतिहासिक विकास, प्रमुख कलाकारों, स्थिरता से संबंधित सिद्धांतों और इसके वैश्विक प्रभाव पर विस्तृत चर्चा करेगा।

1. पर्यावरणीय मूर्तिकला की अवधारणा

पर्यावरणीय मूर्तिकला एक ऐसा कला रूप है, जो प्राकृतिक परिवेश के साथ घुल-मिल जाता है और मानव तथा प्रकृति के सह-अस्तित्व को व्यक्त करता है। इसे दो प्रमुख रूपों में विभाजित किया जा सकता है:

(i) साइट-स्पेसिफिक (Site-Specific) मूर्तिकला

- यह मूर्तिकला विशेष रूप से किसी विशिष्ट स्थल जैसे जंगल), रेगिस्तान, समुद्र तटके लिए बनाई जाती है। (

- यह अपने परिवेश से प्रेरणा लेती है और उसे प्रभावित भी करती है।

(ii) इको-फ्रेंडली मूर्तिकला (Eco-Friendly Sculpture)

- इसमें जैव) अपघटनीय-Biodegradable) और पुनः प्रयोज्य)Recyclable) सामग्रियों का उपयोग किया जाता है।
- इसका उद्देश्य पर्यावरण को नुकसान पहुँचाए बिना कला का सृजन करना है।

2. ऐतिहासिक परिप्रेक्ष्य

पर्यावरणीय मूर्तिकला की जड़ें प्राचीन काल से देखी जा सकती हैं, लेकिन आधुनिक युग में यह 20वीं शताब्दी के उत्तरार्ध में एक प्रमुख कला रूप के रूप में उभरी।

(i) प्राचीन काल से प्रेरणा

- प्राचीन सभ्यताओं, जैसे **माया, मिस्र, और भारतीय मंदिर निर्माण** में प्राकृतिक वातावरण को ध्यान में रखकर मूर्तिकला बनाई जाती थी।
- भारतीय वास्तुकला में **अजन्ताएलोरा की गुफाएँ-** और **कोणार्क का सूर्य मंदिर** प्रकृति के साथ सामंजस्य की बेहतरीन मिसाल हैं।

(ii) 20वीं शताब्दी में परिवर्तन

- 1960 और 1970 के दशक में **पृथ्वी कला)Earth Art) या लैंड आर्ट)Land Art)** नामक आंदोलन शुरू हुआ।
- इस आंदोलन में कलाकारों ने प्राकृतिक तत्वों जैसे मिट्टी), पत्थर, जल, वृक्षका उपयोग कर विशाल कला संरचनाएँ बनाईं। (

3. प्रमुख पर्यावरणीय मूर्तिकार और उनकी कृतियाँ

(i) एंडी गोल्डस्वर्थी (Andy Goldsworthy)

- यह ब्रिटिश मूर्तिकार प्राकृतिक तत्वों, जैसे **पत्तियाँ, पत्थर, बर्फ, लकड़ी, मिट्टी** का उपयोग करके अस्थायी)Temporary) मूर्तियाँ बनाते हैं।
- उनकी कृतियाँ समय और प्रकृति के साथ बदलती रहती हैं, जो क्षणिकता)Ephemerality) और प्राकृतिक चक्रों)Natural Cycles) को दर्शाती हैं।

प्रमुख कृति" :Rain Shadows"

- इस कृति में वे स्वयं जमीन पर लेट जाते हैं और वर्षा होने के बाद अपनी छवि छोड़ देते हैं।
- यह प्रकृति और मानव के बीच गहरे संबंध को दर्शाती है।

Figure 74 Rain Shadows, Andy Goldsworthy

(ii) रॉबर्ट स्मिथसन (Robert Smithson)

- उन्होंने 1970 में सबसे प्रसिद्ध लैंड आर्ट कृति **"स्पाइरल जेट्टी ")Spiral Jetty)** बनाई।
- यह एक विशाल सर्पिल आकार की मूर्तिकला है, जिसे ग्रेट सॉल्ट लेक, यूटा में बनाया गया था। (अमेरिका)
- यह कला और पर्यावरण के संयोजन का उत्कृष्ट उदाहरण है।

Figure 75 Spiral Jetty, Robert Smithson

(iii) निएल्स उडेनबर्ग (Nils Udo)

- वे जैविक सामग्री)Biodegradable Materials) से मूर्तियाँ बनाते हैं, जो समय के साथ नष्ट हो जाती हैं।
- उनकी कला **प्राकृतिक सौंदर्य और परिवर्तनशीलता** को दर्शाती है।

4. पर्यावरणीय मूर्तिकला और स्थिरता (Sustainability)

आज के समय में, जब जलवायु परिवर्तन, प्रदूषण और प्राकृतिक संसाधनों की कमी एक गंभीर समस्या बन चुके हैं, पर्यावरणीय मूर्तिकला **स्थिरता** की दिशा में एक महत्वपूर्ण प्रयास के रूप में उभरी है।

(i) जैव-अपघटनीय (Biodegradable) सामग्री का उपयोग

- पर्यावरणीय मूर्तिकार पारंपरिक सामग्रियों जैसे प्लास्टिक), धातुकी (बजाय **लकड़ी, मिट्टी, रेत, पत्तियाँ, बांस, पुनर्नवीनीकरण कागज** जैसी सामग्रियों का उपयोग करते हैं।
- ये सामग्रियाँ समय के साथ पर्यावरण में घुल मिल जाती-हैं और किसी प्रकार का प्रदूषण नहीं फैलातीं।

(ii) पुनर्चक्रण (Recycling) और अपसाइक्लिंग (Upcycling)

- कई कलाकार पुरानी और बेकार वस्तुओं जैसे प्लास्टिक बोतलें), धातु के टुकड़े, कांचसे मूर्तियाँ बनाकर उन्हें नया जीवन देते हैं। (
- इस प्रकार वे **कचरे को कला में बदलने)Waste to Art)** का प्रयास करते हैं।

(iii) ऊर्जा-कुशल कला (Energy-Efficient Art)

- सौर ऊर्जा)Solar Power) और पवन ऊर्जा)Wind Energy) से संचालित कृतियाँ बनाई जा रही हैं।
- डिजिटल और LED-आधारित कला भी ऊर्जा की बचत करने में मदद कर रही है।

(iv) पारिस्थितिक जागरूकता बढ़ाने का माध्यम

- पर्यावरणीय मूर्तिकला केवल एक सौंदर्य का विषय नहीं है, बल्कि यह **जलवायु परिवर्तन, वन कटाई, जल संकट, और जैव विविधता के संरक्षण** जैसे मुद्दों पर ध्यान आकर्षित करने का भी एक प्रभावी तरीका है।

5. पर्यावरणीय मूर्तिकला का सामाजिक और सांस्कृतिक प्रभाव

(i) कला और समाज के बीच संबंध

- पर्यावरणीय मूर्तिकला लोगों को प्रकृति से जोड़ने का काम करती है।
- यह सार्वजनिक स्थानों, उद्यानों, और प्राकृतिक स्थलों में स्थापित की जाती है, जिससे आम लोग कला को अनुभव कर सकते हैं।

(ii) कला के माध्यम से जागरूकता अभियान

- कई मूर्तिकार अपने कार्यों के माध्यम से **ग्लोबल वार्मिंग, समुद्री प्रदूषण, और वनों की कटाई** जैसे मुद्दों को उठाते हैं।
- उदाहरण के लिए, **जेसन डीकेयरस टेलर)Jason deCaires Taylor)** ने समुद्र के नीचे मूर्तियाँ बनाकर **मरीन इकोसिस्टम)Marine Ecosystem)** को संरक्षित करने की कोशिश की।

Figure 76 Jason deCaires Taylor, Marine Ecosystem

पर्यावरणीय मूर्तिकला केवल सौंदर्य का साधन नहीं है, बल्कि यह **प्रकृति, समाज और कला के गहरे संबंध** को भी दर्शाती है।

- यह हमें **स्थिरता, पारिस्थितिक संतुलन और प्रकृति के प्रति जिम्मेदारी** की ओर प्रेरित करती है।
- भविष्य में, तकनीकी विकास के साथ, पर्यावरणीय मूर्तिकला अधिक प्रभावी रूप से **हरित कला)Green Art) और स्थायी विकास** में योगदान दे सकती है।

इस प्रकार, पर्यावरणीय मूर्तिकला कला और प्रकृति के बीच सामंजस्य स्थापित करने का एक सशक्त माध्यम है, जो **भविष्य की पीढ़ियों के लिए प्रेरणा** का कार्य कर सकता है।

अध्याय 6: समकालीन मूर्तिकला और भविष्य की संभावनाएँ

आधुनिक और समकालीन मूर्तिकला का सफर कला इतिहास में एक **रोमांचक परिवर्तन** की कहानी कहता है। 19वीं शताब्दी के अंत में शुरू हुई यह यात्रा, जिसने **परंपरागत शैलियों से विद्रोह**, नए **सामग्री और तकनीकों का अन्वेषण** और **अवधारणात्मक कला (Conceptual Art) की स्थापना** को जन्म दिया, आज भी निरंतर विकसित हो रही है।

विभिन्न कला आंदोलनों—**क्यूबिज्म, फ्यूचरिज्म, दादावाद, सर्रियलिज्म, अमूर्त कला (Abstract Art), मिनिमलिज्म और इंस्टॉलेशन आर्ट**—ने मूर्तिकला को एक नयी दिशा दी। इसने मूर्तिकला को सिर्फ पत्थर या धातु में तराशी गई आकृति से आगे बढ़ाकर **परफॉर्मेंस आर्ट, डिजिटल आर्ट और सार्वजनिक स्थलों पर हस्तक्षेप (Public Art Interventions)** तक विस्तारित किया।

इस निष्कर्ष में, हम आधुनिक मूर्तिकला की प्रमुख उपलब्धियों, उसकी वर्तमान स्थिति और भविष्य की संभावनाओं पर विचार करेंगे।

- आधुनिक मूर्तिकला का भविष्य) कृत्रिम बुद्धिमत्ता :AI) और बायो-आर्ट
- मूर्तिकला और वैश्विक कला बाजार

आधुनिक मूर्तिकला का भविष्य: कृत्रिम बुद्धिमत्ता (AI) और बायो-आर्ट

21वीं शताब्दी में तकनीकी प्रगति ने कला और मूर्तिकला की परिभाषा को नया रूप दिया है। **कृत्रिम बुद्धिमत्ता (AI) और बायो-आर्ट (Bio-Art)** आधुनिक मूर्तिकला के भविष्य को आकार देने वाले दो महत्वपूर्ण क्षेत्र हैं। ये दोनों न केवल कला के पारंपरिक रूपों को चुनौती देते हैं, बल्कि इसे नई दिशाओं में भी ले जाते हैं।

इस निबंध में हम आधुनिक मूर्तिकला के भविष्य में **कृत्रिम बुद्धिमत्ता (AI) के प्रभाव, बायो-आर्ट के विकास और इन तकनीकों के मूर्तिकला में योगदान** का विस्तार से अध्ययन करेंगे।

1. कृत्रिम बुद्धिमत्ता (AI) और मूर्तिकला

AI का मूर्तिकला में प्रवेश

कृत्रिम बुद्धिमत्ता (Artificial Intelligence) ने हाल के वर्षों में कला जगत में क्रांतिकारी परिवर्तन किया है। AI का उपयोग चित्रकला, संगीत, साहित्य और मूर्तिकला में नए तरीकों से हो रहा है। मूर्तिकला में AI का उपयोग मुख्य रूप से **डिजिटल डिजाइन, 3D प्रिंटिंग और एल्गोरिदम-आधारित कला निर्माण** के लिए किया जा रहा है।

Figure 77 3D printed life size portrait masks

AI के माध्यम से मूर्तिकला निर्माण की विधियाँ

1. **एल्गोरिदम-आधारित डिजाइन (Algorithmic Sculpting)**
   - कंप्यूटर प्रोग्राम और मशीन लर्निंग एल्गोरिदम के माध्यम से अद्वितीय मूर्तियां बनाई जाती हैं।
   - जेनरेटिव आर्ट)Generative Art) तकनीक का उपयोग कर, AI अलगअलग आकार और संरचनाएँ बनाता है।-
2. **3D प्रिंटिंग और रोबोटिक्स**

- AI और 3D प्रिंटिंग का संयोजन मूर्तिकला निर्माण को तेज और प्रभावी बना रहा है।

Figure 78 AI sculpting

- रोबोटिक्स के माध्यम से **कठिन और जटिल संरचनाओं** को मूर्त रूप दिया जा सकता है, जिन्हें मानव हाथ से बनाना कठिन होता है।

3. **AI-संचालित इंटरेक्टिव मूर्तियां**
   - AI-सक्षम मूर्तियां **पर्यावरण या दर्शकों के साथ संवाद** कर सकती हैं।
   - कुछ मूर्तियां आवाज़ या गति के प्रति प्रतिक्रिया देती हैं, जिससे वे एक **सजीव कला रूप** बन जाती हैं।

AI द्वारा बनाई गई कुछ प्रसिद्ध मूर्तियां और कलाकार

1. "The Robotic Arm Sculptor" – MIT Media Lab

- यह एक AI-संचालित रोबोटिक आर्म है जो अपने आप संगमरमर या अन्य सामग्रियों को तराशकर मूर्तियां बनाता है।
- यह एल्गोरिदम और सेंसर का उपयोग कर आकार और बनावट को समायोजित करता है।

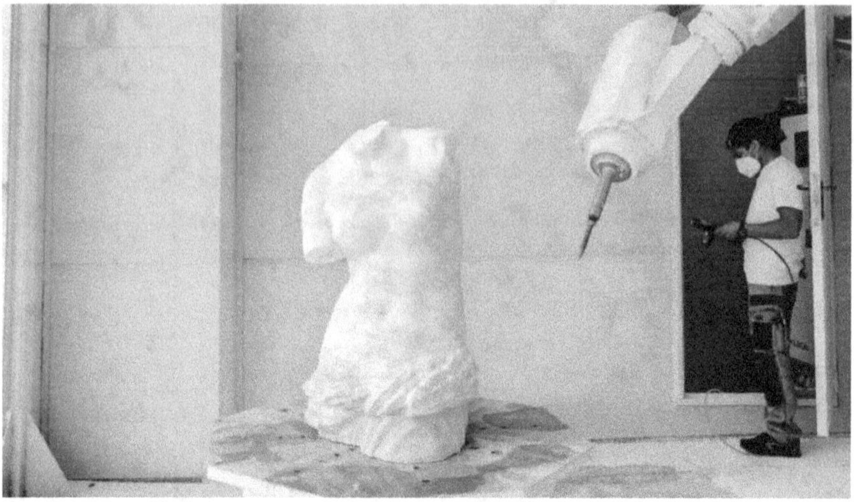

Figure 79 Sculpting through Robotic arm

2. मैड्स थिंग)Mads Things) की "AI Sculptures"

- कलाकार मैड्स थिंग AI की मदद से **अमूर्त और जीवंत मूर्तियां** तैयार कर रहे हैं, जो कंप्यूटरजनरेटेड डिजाइनों पर आधारित होती हैं।-

AI मूर्तिकला का प्रभाव

- यह **कलाकारों को नई संभावनाएँ प्रदान करता है** और उनके रचनात्मक दायरे को बढ़ाता है।
- **इंटरैक्टिव और जीवंत मूर्तियों** का निर्माण संभव बनाता है।
- **मूर्तिकला निर्माण की प्रक्रिया को तेज और कुशल** बनाता है।
- हालाँकि, यह **कलाकारों की भूमिका को बदल सकता है**, क्योंकि मशीनें भी रचनात्मक कार्य कर सकती हैं।

2. बायो-आर्ट (Bio-Art) और मूर्तिकला

बायो-आर्ट की अवधारणा

बायो-आर्ट एक नई कला विधा है, जिसमें **जीवित कोशिकाओं, बैक्टीरिया, जैविक सामग्री और जैव-प्रौद्योगिकी** का उपयोग कर कला

का निर्माण किया जाता है। यह कला, विज्ञान और जीवविज्ञान के संगम से विकसित हुई है।

बायो-आर्ट मूर्तिकला में वैज्ञानिक प्रयोगों को शामिल करती है, जिससे **जीवित मूर्तियां, आत्मनिर्माण करने वाली संरचनाएं और जैविक परिवर्तनशील कला** संभव होती है।

बायो-आर्ट मूर्तिकला की विशेषताएँ

1. **जीवित तत्वों का उपयोग** – मूर्तियां जैविक सामग्री, जैसे कि बैक्टीरिया, पौधों की कोशिकाएं, और कृत्रिम ऊतक, से बनाई जाती हैं।
2. **पर्यावरण के प्रति जागरूकता** – कई बायोआर्ट परियोजनाएं जैव - विविधता, जलवायु परिवर्तन और पारिस्थितिकी तंत्र पर ध्यान केंद्रित करती हैं।
3. **कला और विज्ञान का मेल** – यह जैवप्रौद्योगिक-ी, सिंथेटिक बायोलॉजी और जीन एडिटिंग को कलात्मक अभिव्यक्ति के रूप में उपयोग करता है।

बायो-आर्ट मूर्तिकला में प्रमुख प्रयोग और कलाकार

1. जो सेल)Joe Davis) – "Microvenus"

- इस कलाकार ने DNA के अंदर एक कलात्मक संरचना को अंकित किया, जो बायोआर्ट का एक क्रांतिकार-ी उदाहरण था।
- यह दिखाता है कि **जीवित कोशिकाओं के भीतर भी कला को संग्रहीत किया जा सकता है।**

2. एदुआर्दो कैक)Eduardo Kac) – "Genesis" और "GFP Bunny"

- एदुआर्दो कैक ने **अनुवांशिक रूप से संशोधित खरगोश** (GFP Bunny) बनाया, जो हरे रंग में चमकता था।
- यह कला और जैवप्रौद्योगिकी के मेल का प्रतीक है।-

Figure 80 Microvenus, Joe Davis

Figure 81Genesis, Eduardo Kac

3. ओरोन कैटल्स और आयनात जुर्बन)Oron Catts & Ionat Zurr) – "Semi-Living Sculptures"

- इन्होंने **कोशिकाओं और ऊतकों** का उपयोग करके मूर्तियों का निर्माण किया।

- ये मूर्तियां जीवित ऊतकों से बनी होती हैं और वैज्ञानिक प्रयोगशालाओं में उगाई जाती हैं।

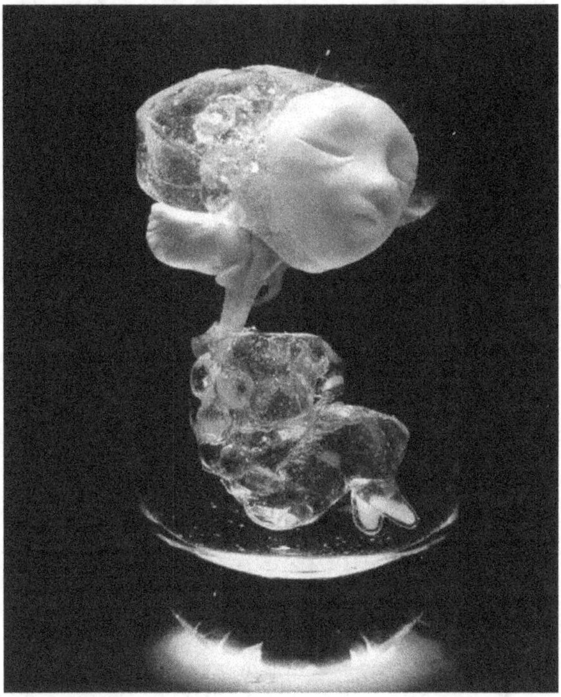

Figure 82 Semi-Living Sculptures, Oron Catts & Ionat Zurr

बायो-आर्ट मूर्तिकला का प्रभाव

- यह मूर्तिकला को **जीवित और जैविक कला** में परिवर्तित कर रही है।
- यह वैज्ञानिक अनुसंधान और कलात्मक अभिव्यक्ति को जोड़ती है।
- नैतिक और दार्शनिक प्रश्न उठाती है – क्या जैविक कला **मानव हस्तक्षेप का एक नया रूप है**?

AI और बायो-आर्ट दोनों ने मूर्तिकला को एक नए युग में प्रवेश कराया है।

- **AI ने मूर्तिकला को डिजिटल, इंटरैक्टिव और मशीनजनित बना - दिया है।**

- **बायोआर्ट ने इसे जैविक-, जीवंत और विज्ञानकेंद्रित बना दिया है।-**
- आने वाले वर्षों में, इन दोनों विधाओं के संयोजन से **"स्मार्ट बायो-"स्कल्पचर** बन सकती हैं – यानी ऐसी मूर्तियां जो न केवल जीवित होंगी, बल्कि कृत्रिम बुद्धिमत्ता से सोच भी सकेंगी।

आधुनिक मूर्तिकला अब केवल पत्थर, धातु या लकड़ी तक सीमित नहीं है। यह एक **तकनीकी और जैविक क्रांति** की ओर बढ़ रही है, जो आने वाले दशकों में कला और मानव सभ्यता की नई परिभाषा गढ़ेगी।

मूर्तिकला और वैश्विक कला बाजार

मूर्तिकला, जो प्राचीन काल से लेकर आधुनिक युग तक कला की एक प्रमुख विधा रही है, आज वैश्विक कला बाजार का एक महत्वपूर्ण हिस्सा बन चुकी है। पहले मूर्तिकला केवल धार्मिक, राजनैतिक या सांस्कृतिक उद्देश्यों से बनाई जाती थी, लेकिन 20वीं और 21वीं शताब्दी में यह **संग्रहण, निवेश और व्यापार** के एक महत्वपूर्ण माध्यम के रूप में उभरी है।

वैश्विक कला बाजार में मूर्तिकला की स्थिति को समझने के लिए हमें इसके **इतिहास, मूल्य निर्धारण, नीलामी घरों, गैलरी, संग्रहालय, डिजिटल कला और भविष्य के रुझानों** पर गहराई से विचार करना होगा।

1. वैश्विक कला बाजार का परिचय

1.1 वैश्विक कला बाजार क्या है?

वैश्विक कला बाजार वह आर्थिक प्रणाली है जिसके अंतर्गत कलाकृतियाँ, विशेष रूप से **चित्रकला, मूर्तिकला, डिजिटल आर्ट और इंस्टॉलेशन आर्ट**, खरीदी और बेची जाती हैं। यह बाजार विभिन्न माध्यमों से संचालित होता है, जैसे:

- **नीलामी घर)Auction Houses)** – क्रिस्टीज़)Christie's), सोथबीज़)Sotheby's), फिलिप्स)Phillips) आदि।

- **आर्ट गैलरी)Art Galleries)** – मूर्तिकारों के कार्यों को प्रदर्शित और बेचा जाता है।
- **कला मेले)Art Fairs)** – आर्ट बेसल)Art Basel), फ्रिज़)Frieze), आर्मरी शो)The Armory Show) आदि।
- **ऑनलाइन प्लेटफ़ॉर्म** – आर्ट नेट)Artnet), साची आर्ट)Saatchi Art), NFT मार्केटप्लेस आदि।

1.2 मूर्तिकला का वैश्विक बाजार में स्थान

चित्रकला की तुलना में मूर्तिकला का बाजार अपेक्षाकृत छोटा है, लेकिन यह तेजी से बढ़ रहा है। कुछ प्रमुख कारण हैं:

- **संग्रहणीय मूल्य** – दुर्लभ मूर्तियाँ उच्च कीमत पर बिकती हैं।
- **सार्वजनिक कला)Public Art)** – बड़े कॉर्पोरेट्स और सरकारें सार्वजनिक स्थलों के लिए मूर्तियाँ खरीदती हैं।
- **तकनीक और डिजिटल माध्यम** – 3D प्रिंटिंग और NFT मूर्तिकला की नई संभावनाएँ खोल रहे हैं।

2. मूर्तिकला का मूल्य निर्धारण और व्यापार

2.1 मूर्तिकला का मूल्य कैसे तय होता है?

मूर्तिकला की कीमत कई कारकों पर निर्भर करती है:

1. **कलाकार की प्रसिद्धि** – सुप्रसिद्ध मूर्तिकारों की कलाकृतियाँ अधिक मूल्यवान होती हैं।
2. **कृति की अनूठी प्रकृति** – एकमात्र)Unique) मूर्ति अधिक महँगी होती है, जबकि **एडिशन)Editioned Sculpture)** अपेक्षाकृत सस्ती हो सकती है।
3. **सामग्री)Material)** – कांस्य, संगमरमर और स्टेनलेस स्टील जैसी टिकाऊ सामग्रियों की मूर्तियाँ अधिक मूल्यवान होती हैं।
4. **आकार और स्थापना** – बड़ी मूर्तियों की लागत अधिक होती है।
5. **इतिहास और मूल)Provenance)** – यदि मूर्ति का इतिहास महत्वपूर्ण है, तो उसकी कीमत बढ़ जाती है।

2.2 मूर्तिकला की बिक्री के प्रमुख माध्यम

1. **नीलामी घर)Auction Houses)** – यहाँ दुर्लभ और ऐतिहासिक मूर्तियों की बिक्री होती है।
2. **आर्ट गैलरी** – समकालीन मूर्तिकारों को प्रमोट करने का मंच।
3. **कला संग्रहालय और कॉर्पोरेट खरीदार** – बड़े संस्थान और कंपनियाँ मूर्तिकला में निवेश करती हैं।
4. **NFT और डिजिटल कला** – वर्चुअल मूर्तियों और डिजिटल आर्टवर्क की बिक्री बढ़ रही है।

3. प्रसिद्ध मूर्तिकार और उनकी कलाकृतियों की कीमत

3.1 ऐतिहासिक मूर्तियों की बिक्री

कुछ प्रसिद्ध मूर्तियों ने कला बाजार में रिकॉर्ड तोड़ कीमतें हासिल की हैं:

1. **अल्बर्टो जियाकोमेत्ती)Alberto Giacometti) – "L'Homme au doigt" (Pointing Man, 1947)**
   - 2015 में **$141.3 मिलियन लगभग)11,000 करोड़ रुपये(** में बिकी।
   - यह सबसे महँगी बिकने वाली मूर्तिकला है।
2. **जेफ कून्स)Jeff Koons) – "Rabbit" (1986)**
   - 2019 में **$91.1 मिलियन** में बिकी।
   - यह समकालीन मूर्तिकला की उच्चतम कीमतों में से एक थी।
3. **औगस्त रोधां (Auguste Rodin) – "The Thinker"**
   - इसकी कई प्रतियाँ बनाई गईं, लेकिन इसका मूल्य करोड़ों डॉलर में आंका जाता है।

3.2 भारतीय और समकालीन मूर्तिकार

भारत और समकालीन अंतरराष्ट्रीय कलाकार भी वैश्विक कला बाजार में महत्वपूर्ण स्थान रखते हैं:

1. **अनिश कपूर)Anish Kapoor)** – उनकी प्रतिष्ठित मूर्तिकला "Cloud Gate" (The Bean) को **$23 मिलियन** में निर्मित किया गया था।
2. **सुबोध गुप्ता)Subodh Gupta)** – उनकी कांस्य और स्टेनलेस स्टील की मूर्तियाँ लाखों डॉलर में बिकती हैं।

3.3 वैश्विक कला बाजार में भारत की भूमिका

भारत की कला और मूर्तिकला वैश्विक स्तर पर अपनी पहचान बना रही है:

- **भारतीय आधुनिक मूर्तिकारों की मांग बढ़ रही है।**
- **भारतीय पारंपरिक और समकालीन मूर्तियाँ वैश्विक खरीदारों को आकर्षित कर रही हैं।**
- **भारतीय मूर्तिकार अब अंतरराष्ट्रीय गैलरियों और कला मेलों में भाग ले रहे हैं।**

मूर्तिकला अब केवल एक पारंपरिक कला नहीं रह गई है, बल्कि यह **एक प्रमुख आर्थिक क्षेत्र** बन चुकी है।

- **वैश्विक कला बाजार में इसकी भूमिका तेजी से बढ़ रही है।**
- **नीलामी, गैलरियाँ और डिजिटल कला ने नई संभावनाएँ खोली हैं।**
- **तकनीक और NFT ने मूर्तिकला की परिभाषा को विस्तारित किया है।**

आने वाले वर्षों में **मूर्तिकला और वैश्विक कला बाजार का अधिक डिजिटलीकरण, नए माध्यमों का उपयोग और नई तकनीकों का समावेश** होने की संभावना है। इस प्रकार, मूर्तिकला अब न केवल कला के प्रेमियों बल्कि **निवेशकों और कलेक्टर्स** के लिए भी आकर्षण का केंद्र बन गई है।

ग्रन्थसूची(Bibliography)

पुस्तकें:

1. Arnason, H. H., & Mansfield, E. (2013). *History of Modern Art: Painting, Sculpture, Architecture, Photography*. Pearson.
2. Read, Herbert. (1956). *Modern Sculpture: A Concise History*. Thames & Hudson.
3. Giedion-Welcker, Carola. (1960). *Modern Sculpture: Origins and Evolution*. Harvard University Press.
4. Krauss, Rosalind. (1977). *Passages in Modern Sculpture*. MIT Press.
5. Curtis, Penelope. (1999). *Sculpture 1900–1945: After Rodin*. Oxford University Press.
6. Stangos, Nikos. (1974). *Concepts of Modern Art: From Fauvism to Postmodernism*. Thames & Hudson.
7. Glaser, Curt. (1924). *Modern Sculpture: Its Origin and Development*. B.W. Huebsch.
8. Rosenthal, Norman. (2003). *20th Century Sculpture: From Rodin to the Present Day*. Thames & Hudson.

शोध पत्र और लेख:

1. Bois, Yve-Alain, & Buchloh, Benjamin H. D. (2004). *Formalism and Historicity: Models and Methods in Twentieth-Century Art*. MIT Press.
2. Foster, Hal. (1996). *The Return of the Real: The Avant-Garde at the End of the Century*. MIT Press.

3. Krauss, Rosalind. (1981). *Sculpture in the Expanded Field. October*, Vol. 8, pp. 30–44.
4. Potts, Alex. (2000). *The Sculptural Imagination: Figurative, Modernist, Minimalist.* Yale University Press.
5. Taylor, Brandon. (1999). *Avant-Garde and After: Rethinking Art Now.* Harry N. Abrams.

प्रदर्शनी कैटलॉग्स और संग्रहालय प्रकाशन:

1. Tate Modern. (2015). *Sculpture in the 20th Century.* Tate Publishing.
2. The Museum of Modern Art (MoMA). (2004). *Modern Sculpture: The Collection.* MoMA Publications.
3. Solomon R. Guggenheim Museum. (2011). *The Third Dimension: Sculpture of the 20th Century.* Guggenheim Publications.

ऑनलाइन स्रोत और डिजिटल आर्ट लाइब्रेरी:

1. **MoMA (Museum of Modern Art) Online Collection** – www.moma.org
2. **Tate Modern (Sculpture Section)** – www.tate.org.uk
3. **The Met Museum – Modern and Contemporary Sculpture** – www.metmuseum.org
4. **Guggenheim Museum Archives** – www.guggenheim.org
5. **Artforum – Critical Essays on Modern Sculpture** – www.artforum.com

चित्र सूची(List of Figures)

चित्र सूची

चित्र सूची

लेखक का परिचय

डॉ. गणेश कुशवाह एक दृश्य कलाकार, कला समीक्षक, डिजिटल कंटेंट क्रिएटर और कला शिक्षक हैं। उन्होंने एम.एस. यूनिवर्सिटी ऑफ बड़ौदा के ललित कला संकाय से मूर्तिकला में बी.एफ.ए. (2000) और एम.एफ.ए. (2002) की डिग्री प्राप्त की। वर्ष 2024 में उन्हें राजा मानसिंह तोमर विश्वविद्यालय, ग्वालियर से पीएच.डी. की उपाधि प्राप्त हुई। उन्हें मूर्तिकला के क्षेत्र में 20 से अधिक वर्षों का शैक्षणिक अनुभव है, साथ ही 3D डिजाइन प्रोडक्शन हाउस के साथ दो वर्षों का औद्योगिक अनुभव भी है। उन्होंने कई ललित कला संस्थानों और एनीमेशन कॉलेजों में कला एवं डिजाइन विषयों का अध्यापन किया है। उन्होंने 3D सॉफ्टवेयर और 3D प्रिंटिंग के क्षेत्र में भी व्यापक रूप से कार्य किया है।

वे “Art Instinct” नामक एक यूट्यूब चैनल संचालित करते हैं, जिसके माध्यम से वे अपनी कलात्मक साधना और कला संवाद को कला प्रेमियों के साथ साझा करते हैं। वर्तमान में वे डॉ.

भीमराव अंबेडकर विश्वविद्यालय, आगरा के ललित कला संस्थान के मूर्तिकला विभाग में सहायक प्रोफेसर के रूप में कार्यरत हैं।

कई समूह प्रदर्शनियों के अतिरिक्त, उन्होंने यूनाइटेड आर्ट फेयर, प्रगति मैदान, नई दिल्ली (2013) तथा जयपुर आर्ट समिट (2013 और 2014) जैसे प्रमुख कला आयोजनों में भाग लिया। वर्ष 2000 में उन्हें युवा कलाकारों के लिए राष्ट्रीय छात्रवृत्ति प्राप्त हुई और 2022 में उन्हें सीसीआरटी (नई दिल्ली) द्वारा जूनियर फैलोशिप प्रदान की गई। उन्होंने कई राष्ट्रीय स्तर के कला शिविरों और संगोष्ठियों में भी भाग लिया है तथा G20 समिट के समय आगरा शहर के सौंदार्यीकरण में विशेष भूमिका निभायी हैं।

www.ingramcontent.com/pod-product-compliance
Lightning Source LLC
LaVergne TN
LVHW022220200926
848481LV00006B/2042